古代歷史文化 研究輯刊

二九編

王明蓀 主編

第 19 冊

「三百六十行」詳考
——從煙畫《三百六十行》看晚清的市塵風情（下）

李德生、王琪 編著

國家圖書館出版品預行編目資料

「三百六十行」詳考——從煙畫《三百六十行》看晚清的市
廛風情（下）／李德生、王琪 編著 -- 初版 -- 新北市：花木
蘭文化事業有限公司，2023〔民 112〕
目 2+194 面；19×26 公分
（古代歷史文化研究輯刊 二九編；第 19 冊）
ISBN 978-626-344-163-7（精裝）
1.CST：社會生活 2.CST：清代 3.CST：中國
618   111021690

ISBN-978-626-344-163-7

9 786263 441637

古代歷史文化研究輯刊
二九編 第十九冊   ISBN：978-626-344-163-7

「三百六十行」詳考
——從煙畫《三百六十行》看晚清的市廛風情（下）

編　　者　李德生、王琪
主　　編　王明蓀
總 編 輯　杜潔祥
副總編輯　楊嘉樂
編輯主任　許郁翎
編　　輯　張雅淋、潘玟靜　美術編輯　陳逸婷
出　　版　花木蘭文化事業有限公司
發 行 人　高小娟
聯絡地址　235 新北市中和區中安街七二號十三樓
　　　　　電話：02-2923-1455／傳真：02-2923-1452
網　　址　http://www.huamulan.tw 信箱 service@huamulans.com
印　　刷　普羅文化出版廣告事業
初　　版　2023 年 3 月
定　　價　二九編 23 冊（精裝）新台幣 70,000 元　　　版權所有‧請勿翻印

「三百六十行」詳考
——從煙畫《三百六十行》看晚清的市廛風情（下）

李德生、王琪　編著

目次

二、吃喝玩樂

食店

122. 送外賣

送外賣並不是一個新興的行當，而是古來有之，它是飯館、飯莊子的一項日常業務。清人得碩亭在《草珠一串》中寫道：

酒筵包辦不倉皇，莊子新開數十堂。慶壽客歸收幣帛，喜筵明日候臺光。

就拿北京的一家普運的館子來說吧，一進門就有夥計照顧。一身藍布衣服，肩上還搭著一條白色的毛巾那叫精神。您要是在這兒吃，馬上現做現炒。您要是叫外賣，那麼，您先點菜，說明時間、地點，到時一準就到，還不多加錢。

彼時，每一個有名的飯店都有自己的拿手菜，作為招徠客人招牌，譬如東興樓的醉蟹、全聚德的烤鴨、致美樓的醋海參、萃華樓的燴八珍……等，如此種種，不能盡述。老饕們要過癮解饞想吃那一口，可派人到飯店把要吃的菜肴點了。說好開飯的時辰，館子裏就事先把菜做好，放在食盒內，由跑外的夥計準時送到府上，一點兒都不會耽誤。講究七碟八碗擺上桌時，還要冒著熱氣兒，跟剛炒得的一樣。

123. 包飯作

　　舊時的商店、行號夥計學徒都由櫃上管飯，有的櫃上自己雇廚子起灶，烹製三餐飯菜。有的櫃上地方小，不設廚房，就吃包飯，這樣，就有專門包飯作來承攬這項生意。

　　包飯作的飯菜是按桌論價，按價錢的多少來決定飯菜的質量，葷素搭配，是四菜一湯，還是幾碟幾碗。逢年過節如何聚餐，日常客飯如何處理，店方經理與包飯作在這方面都有詳細的討論，並訂有常年的合同。

　　到了開飯的時候，包飯作早已把飯菜做好，由夥計挑著食盒擔子，準時送到櫃上。夥計一次要連著送好幾家。送到後，把熱騰騰的飯菜擺好，自己轉身再送下一家。如此，轉了一圈兒回來，先送的店鋪夥計們早已吃完，送飯的再將碗筷和殘羹剩飯一總收拾乾淨，原路挑回。這樣，即方便了顧客，又有錢鈔可賺。

　　這一行中送飯的夥計是勤行中最不好幹的，要腿勤、心細、嘴兒甜，不論多麼挑剔的客戶也要善於應對。好好歹歹地都得對付過去，決不能得罪那些「米飯班主」。

124. 送火鍋

關於火鍋的起源有兩種說法：一種說是春秋時代的「銅鼎」，就是火鍋的前身；另一種說法，火鍋始於東漢，出土文物中的「斗」就是指火鍋。

據《魏書》記載，曹丕稱帝的時期，就用銅製的火鍋來宴請群臣。到了南北朝時期，人們使用火鍋煮食就逐漸多起來了。白居易有詩寫道：

綠蟻新醅酒，紅泥小火爐。晚來天欲雪，能飲一杯無？

詩中就活靈活現地描述了，唐朝人圍坐在一起，飲酒、賦詩、吃火鍋的那種瀟灑情景。我國的火鍋花色紛呈，真是百鍋千味。例如海鮮火鍋、菊花火鍋、狗肉火鍋和北京的羊肉涮火鍋，風味別致，吊人胃口。此外，三鮮火鍋、野味火鍋、白肉火鍋、什錦火鍋，也都別具特色，誘人饞涎。冬天吃火鍋，稱得上「席有春風」，食客們津津樂道。

諸多的火鍋品種中，以羊肉鍋子最為稱著。《舊都百話》稱：「羊肉鍋子，為歲寒時最普通之美味，須於羊肉館食之。此等吃法乃北方游牧遺風加以研究進化，而成為特別風味。」

早年吃火鍋可以呼朋邀友一起到飯館去吃。也可以事先在店裏預訂，到開飯的時候，跑外的夥計會把盛滿湯料的火鍋兒，連同肉片、調料、糖蒜、蔥、芫荽、辣椒油、滷蝦醬，一併送到住戶家中，供其享用。

125. 賣開水

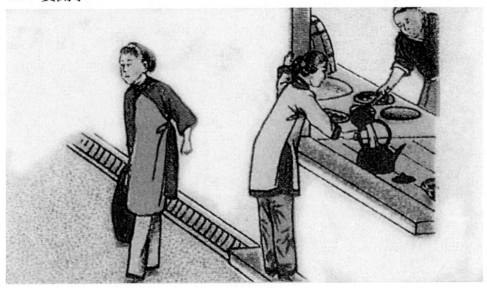

　　老虎灶，是老上海弄堂口專門向街坊鄰居售賣白開水的灶房。從清末一直到上個世紀前半葉，上海幾乎每個弄堂口都有這麼個老虎灶，構成了市井中一道獨特的風景線。

　　「老虎灶」一詞的出處來自「洋涇浜英語」，因為近代上海出現了大量的西洋建築，這些建築一般都設有壁爐，並在屋頂上設有多孔煙囪，屋頂的英文為「Roof」，其音諧「老虎」，因此，這種將煙囪設在屋頂上的灶，就叫做「老虎灶」。

　　上海開埠後，檣櫓踊躍、商賈匯聚、成了溝通海內外的要路津。一時間，外國的商人、政客、冒險家、貨物、毒品，龍魚混雜、紛紛湧入。國內的軍政要員、富紳巨賈，地主、資本家連同無數的破產農民、苦力、無業游民也一起擠進了這顆「東方明珠」。使原是水鄉漁鎮般的小碼頭，在很短的時間內，膨脹成了一個人口百萬的大都會。

　　道光之前，滬上與內地一樣食用井水。租界林立時，開始打機井從地下深處取水。市民的用水十分不便。於是在弄堂闢一角落壘個大灶，用大壺、大鍋煮沸開水，零勺售賣。既方便了鄰里街坊，又為人們節省了煤炭和錢鈔，頗受市民歡迎。如是，賣開水的行業應運而生了。此項生意雖本小利薄，但也可以養一戶人家。

126. 大師傅

　　民以食為天，吃飯是人們第一等的大事，所以，會烹飪的廚師是在民間三百六十中應該排在第一位，人稱「大師傅」。能稱得上大師傅的灶上裏手，都是經過三年零一節的學藝生活，才捧打出來的。煎、炒、烹、炸，蒸、煮、糟、溜，應該做到無所不能，無所不會。不求其專，但對滬、粵、徽、魯各大菜系的特點多少都要有些瞭解，南甜北鹹、東辣西酸，也都能胡魯一氣。

　　當然，他們的師承還是各有側重的。一般的大師傅都是在大飯莊、大飯館掌勺上灶。也有的大師傅掛靠在飯莊子中，專門承攬「外活」。所謂「外活」，就是到王府、宅門裏去掌灶。遇到富豪之家辦喜事、娶媳婦，老太爺做壽、小孩子辦滿月；或是有升遷，唱堂會，少不得要華廳盛筵、招待賓客，自家的廚子忙不過來，又想換換口味，就到飯莊子邀請大師傅進宅獻藝。圖中所繪，就是應外活的大師傅自備食料、廚具家什，在下人的前導下，從後門進入大宅門廚房的情形。

　　這一行師傅從清理廚房、刷鍋起灶做起，一直到紅、白案，煎、炒、烹、炸，七碟八碗地上桌，連飯後的放拾涮洗，一應服務到底。這種老派兒的做法。一直沿續到上個世紀六十年代初。自從大抓「階級鬥爭」的時候，這一行就再也沒有了。

127. 小磨香油

　　小磨香油是深受人們歡迎的一種植物油，具有獨特的色、香、味，可炒菜調湯，長期食用益壽延年。小磨香油的製作方法很特殊，是用水代法加工製取的。這種方法是用油料中非油物質對水和油的親和力不同，以及油與水的比重不同，經過軋、壓、捶、蕩等一系列工藝過程，將油脂和親水性的蛋白質分離開來。在水代製法的整個工藝過程中，浸泡炒籽、磨醬和兌漿攪油是三個主要環節，其中兌漿攪油是關鍵工序，也是分辨是不是小磨香油的主要根據。這樣磨出來的芝麻油為棕紅色，口感滑利，香味濃鬱。圖中所畫的就是民間製作小磨香油的典型狀況：

　　　　一條毛驢一盤磨，兩個油錘一隻鍋；半夜三更轉乾坤，一挑湖
　　海金線落。

　　這四句順口溜，是早年間賣油的小販們嘴裏常哼哼的詞語。他們從油坊裏挑出油，前邊一桶是小磨香油，後邊一桶則為豆油或菜籽油。他們稱香油為湖、素油為海，每日走街串巷，敲打著一副木梆子，高喝「賣油嘍──」。於是，主婦廚娘紛紛走出買油，以供烹調之用。

128. 油坊

　　沈從文先生在二十年代曾寫過一篇《油坊》的隨筆，他說：油坊在一個坡上，坡是泥土坡像饅頭。正三月，是油坊打油最忙的時候。油坊主人身上穿了滿是油污的邋遢衣衫，同他的幫手們一天到頭地的忙到晚。「油枯這東西，像餅子，像大錢，架空堆碼高到油坊頂，繞屋全都是。其次，是那屋正中一件東西，一個用石頭在地面砌成的圓碾池，直徑至少是三丈，佔了全屋四分之一空間。有三頭黃牛繞大圈子打轉，拖著那個薄薄的青砷石碾盤。碾盤是兩個，一大一小，碾池裏面是曬乾了的桐子，桐子在碾池裏，經碾盤來回的碾來碾去。然後，夥計們把碾碎了的桐子末，用一大塊方布包裹好，放到一個鍋裏去蒸，上面還有大的木蓋。蒸熟了，包好了，再用腳踹，用大的木槌敲打，把這東西捶扁了，再抬到榨上去榨。」

　　這篇文章描寫的是南方的大油坊，動輒須二、三十人在一起工作。榨出來的是桐籽油，或是菜籽油。而此圖所繪景象，則是北方的小油坊。一個老闆，一個夥計，再加上一頭拉磨的驢，也就開張營業了。這種小油坊生產的是花生油，或是小磨香油。用的是「水代法」，這不，小老闆正在使用「油錘」，反反覆覆地在往外「代油」！產量不大，但代出的香油絕對是童叟無欺的佳品。小老闆一邊幹活兒，一邊熱情地照應著提著瓶子前來打油的主婦們。

129. 官鹽店

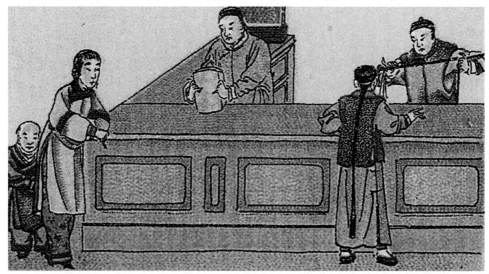

官鹽，就是國家對食用鹽的一種專賣制度。早在戰國時期，秦國為了增加稅收，開始設置鹽官，統一管理食鹽專營，私人無權售賣。到了漢代初年，國家為了搞活經濟，開放山澤之禁，一度又允許私人經營鹽業，進行自由貿易。但到漢武帝的時候，由於對外開拓邊疆，頻繁用兵打仗，致使國庫空虛，財用嚴重不足。於是，又重新打起了官營鹽務的主意。於元狩年間（公元前122—前115年）將鹽業收歸國有。由大司農屬下的官員經營，納入國家財政。在鹽產區和主要中轉地，設置鹽官。主管鹽的生產、分配和大規模的轉運。

鹽官主稅課，凡商販售鹽，必須納稅領帖，才准開設鹽棧、鹽店，承銷官鹽，而不准攤戶與商人私相授受。政府頒發「鹽帖」，是承銷官鹽的憑證，無帖則不准開設鹽店。販賣私鹽逃避稅收，歷來都是犯法的，會課以重刑乃至死罪。官府定出的鹽價是說一不二的。個中利益極大，也是舊日官場中貪污中飽、權錢交易的一大漏厄。

官鹽店是官辦的大生意，店的門臉兒體面講究，店裏寬敞闊氣，櫃檯高、檯面兒大，掌櫃的穿綢著緞，夥計們一個個也腦滿腸肥，蟹子屙屎獨一份。吃鹽，就得來官鹽店。城裏大小油鹽店、醬菜園子、飯館子、連家小鋪、升斗小民，凡用鹽的地方都得到這兒來買鹽。這張煙畫出版於光緒末年，恰好說明清代官鹽店的模樣兒。

食挑

130. 私鹽擔

　　自西漢武帝元狩四年（公元前 119 年），政府實行食鹽官賣制度，嚴禁私人煮鹽行市。這是政府為了保證財政收入的一項措施。中唐以後，由於製鹽技術的進步和煮鹽的成本降低，私鹽開始泛濫，逃稅販鹽成為一種社會問題。政府為了加強控制，宣布販賣私鹽違法，予以嚴厲打擊。如同對待強盜一般。

　　《元史》《刑法三·食貨》載：「諸犯私鹽者，杖七十，徒二年，財產一半沒官，於沒物內一半付告人充賞。鹽貨犯界者，減私鹽罪一等。提點官禁治不嚴，初犯笞四十，再犯杖八十，本司官與總府官一同歸斷，三犯聞奏定罪。如監臨官及灶戶私賣鹽者，同私鹽法。諸偽造鹽引者斬，家產付告人充賞。失覺察者，鄰佑不首告，杖一百。犯私鹽及犯罪斷後，發鹽場充鹽夫，帶鐐居役，役滿放還。」

　　清人秦錫田在《周浦塘棹歌》中有《竹枝詞》嘲曰：

　　　　官鹽不賣禁私鹽，大販寬裕小販嚴。一笑素餐風味好，只嘗辛
　　苦與酸甜。

　　民間販賣私鹽的現象屢禁難絕。不少小販為圖個中利潤養家糊口，干冒犯法被抓的危險，挑著私鹽到街上賣。有人買時，便招手到偏僻之處悄悄地交易。圖中所繪的就是這樣一種場面。

131. 油炸豆腐泡

　　油炸豆腐泡也是舊日街頭的一種小食。賣油炸豆腐泡的清晨上市，一副竹挑子，前邊是泥爐、油鍋，還有劈柴、炭條，後邊的架子上擺的是豆腐泡、蔥花蒜泥水。小販把擔子挑到了鬧市街口或菜市旁邊，把挑子靠牆一擺，把泥爐點燃，油鍋一熱，買賣就算開張了。

　　豆腐泡一般大小，是一塊豆腐橫著切成四片，未出挑前，早已在家把它炸熟，並且用花椒鹽水漬過，淋乾後帶了出來。有了吃主兒，小販就用長竹筷子把炸好的豆腐泡夾出一塊，放到油鍋中再反覆地煎炸一遍。待其兩面焦黃時，就把它夾出來，用馬蓮草一穿，拎著在後挑子上的蔥花蒜泥水中一沾，再交給買主兒，這一單生意就算做完了。一大枚一塊，多少也有些賺頭兒。

　　清季有《竹枝詞》嘲弄這一行，說道：

　　　　一塊豆腐切四片兒，反覆炸來把人騙；尋常豆腐一枚倆，炸完
　　一枚賣一片。味道好壞全憑蒜，沒蒜吃了味兒淡。小孩不知柴米貴，
　　纏著大人團團轉。

132. 賣甑兒糕

　　玫瑰夾沙小甑糕，雪白粉嫩滋味高；狀如定勝兩頭闊，中間擠出餡一包；定勝二字名目好，昔人做成糕甑巧。兒童卻將線板呼，買得糕來要將布線繞。

　　這是清代末年刊於《圖畫日報》上的一首小詩，給賣甑兒糕的畫了一副圖畫。甑，是我國陶器時代發明的一種炊具，圓形，其底部有許多透氣的小孔，置於鬲上蒸煮，如同現代的蒸鍋。賣甑兒糕的小販分兩種，圖上這種是擺攤兒的，他們用的甑是陶製的寶塔型，塔下起火，塔頂上放一木製小蒸籠，高三寸，直徑二寸。還有一種挑擔子的小販，他們擔子的一端有火有甑，另一端是一個木櫃，放米麵及糖等原料。有人買時，用米粉加適量白糖、芝麻，蒸時稍加清水，四、五分鐘即熟。取出後，上面放些瓜仁、金糕條、青紅絲。甑兒糕甜糯可口，兒童、老人都喜歡吃。

　　但是這一行小本利微，而且操作麻煩，更重要的一點是火眼少，現賣現做，效率太低。效率低則收入少，所以早已絕跡，無人經營了。據說，福建的小販極聰明，他們把製作甑糕的方法進行了改造，使用大鍋蒸出小碗糕，味道沒變，而生產效率可就提高多了。

133. 挑子涼粉

　　這幅圖畫的是挑子涼粉，也就是挑著擔子走街串巷賣的涼粉。挑子一頭是個帶槽的方木盤，上面放置調料，下面放著碗筷湯匙；挑子的另一頭是個木桶，桶內裝著冰鎮著的、漏成蝌蚪一樣的涼粉。這種涼粉，是小販事先在家中用綠豆粉熬製成漿糊，用笊籬漏出，滴入冷水中，凝成一粒粒蝌蚪形狀。遇到吃主兒，小販放下挑子，用木勺從桶內盛出涼粉兒放入碗內，再回身從前面木盤上調入芝麻醬、韭菜花、大蒜汁、芥茉、醬油、醋等什樣調料，酸鹹適口，老少咸宜。市井小兒尤其喜歡吃這一口兒。花錢有限，潤口清心。這種小吃一直流傳到現在。

　　這種涼粉一定要用綠豆粉熬製，製出來呈半透明的淺綠色，如同綠玻璃一樣，看著就讓人喜歡。還有一種是用蕎麥麵做的，深灰色，圓圓的一大坨兒。梁實秋先生在一篇散文中寫道：「將蕎麥麵用涼水拌成粥狀，以火熬，邊熬邊拌，成糊糊，再手沾涼水拍成圓餅狀，等冷結後，用刀切片，加上醬油、醋、蒜泥、芥末、蘿蔔絲，味道又酸又辣，吃後居然去暑通氣。」

　　這種涼粉兒顏色不太受瞧，但吃起來涼絲絲的很筋道。放在盤子上，再澆上佐料，尤其大蒜泥是必不可少的。時人評論它是「好吃不好看。」據《東京夢華錄》載，北宋時期已有「蕎麥細索涼粉」應市，距今有千年歷史。

134. 冰鎮酸梅湯

　　蘭陵笑笑生在《金瓶梅詞話》中多次描寫西門慶在暑天吃冷食、冷飲的情節。不管是水果、茶、酒等等，都要用冰或是冷水「湃湃」再用。為的是消渴、解暑，別有一番享受。其中第二十七回，潘金蓮對西門慶說：「把這梅湯放在冰內湃著你吃。」還指使春梅說：「有梅湯提一壺來，放在這冰盤內湃著。」

　　「湃」字是個動詞，指把飲料放在冷水或冰塊裏，使之變涼。也是古代保存食物或吃冷鮮的一個好辦法。「湃」字後來演化為「鎮」字，冰鎮汽水、冰鎮酸梅湯種種，都成了大眾飲品。

　　清朝末年，從宮裏傳出了一個秘方，是用烏梅、桂花和蔗糖調配恰當，用微火烹熬一天一夜，出鍋冰湃之後飲用，酸甜可口，冰涼潤喉。喝完清心潤肺，消渴怯暑。滋味大概比西門慶時代的梅湯更進了一步。一時間，「冰鎮酸梅湯」名冠京師。不僅出現了很多的「酸梅湯」攤，走東琉璃廠還出了一個掛金字招牌的「信遠齋」，專以製作酸梅湯稱著北京。

　　一到盛夏，城中還出現了許多串街小販，他們挑著油漆成大紅色的木桶，兩隻銅碗的敲打，幾聲叫賣酸梅湯的上市啦！無論深宅大院，還是陌巷蓬門，無不浸潤在一種夏日的清涼之中，搶了不少大碗茶的生意。清代楊米人的《都門竹枝詞》贊道：「晚涼一盞冰梅水，勝似盧同七碗茶。」

135. 冰鎮薄荷水

　　由於五口通商，穗滬開埠，洋人入境，歐風東漸。外國飲品如氣泡酒、蘇打水、礦泉水、汽水，也相繼進入租界內的酒店、咖啡館和小吃店。這些飲品新穎時髦，漸為上層華人接受。不久，外國人便在中國上海、北京、青島等地辦起了葡萄酒廠、啤酒廠和汽水廠。尤其，汽水的出現，特別贏得了國人的歡心。

　　汽水是一種碳酸飲料，在炎熱的夏季和人們在工作活動中，體內水分的代謝旺盛，出汗量倍增，需要大量補充水分。從科學角度講，正常人在熱天要喝很多水才能解渴，體溫不會升高。汽水就是一種很好的飲料。有利於人體排尿、降溫、消除疲勞。由於產量不斷提高，成本的下降，民國以後，汽水逐步接近了群眾。但是，儘管它再便宜，廣大勞動人民也無緣消受。

　　於是，市井小販也開始仿製汽水，用糖精、色精、味精調和成「三精水」，裏邊加上薄荷、蘇打，名為「冰鎮薄荷水」。這種飲料一出現就頗為時髦，一度盛行四城。夏天飲之，口舌生津、燥汗頓消。而且作用持久，醒目安神。用來冒充「洋汽水」，也頗歡迎。

　　有好事者，曾做了一首《竹枝詞》嘲之曰：

　　　　涼茶梅湯薄荷冰，四城廟會叫聲頻；近來又添洋汽水，喝到肚裏氣不通。

136. 賣餛飩

　　一碗銅元五大枚，薄皮大餡亦豪哉。街頭風雨淒涼夜，小販肩挑緩緩來。

　　這是上世紀 20 年代《實報》上的一首《餛飩詩》。

　　餛飩亦稱渾沌，廣東俗稱雲吞，四川俗稱抄手，是我國民間最為流行的一種小吃。其製作方法與餃子相似，但比餃子更為精美。

　　餛飩皮兒講究「白如玉，薄如紙」；餛飩餡兒講究精細味鮮，肥而不膩。將餡兒放在皮兒中一角，輕輕一卷，對頭兒一捏，便包成彩球模樣。放入骨頭熬製的老湯內一煮，宛如金魚一般，遊弋其中。待其浮出湯面兒，連湯帶水盛入碗中，調入精鹽、味素、蝦皮、紫菜、香油、醬油、冬菜、香菜，於是芳香四溢。吃在口中，綿軟爽滑，齒頰流香。既可以當早餐，又可做夜宵，是春夏秋冬、四時皆宜的小吃。

　　細考餛飩的歷史，《廣雅》稱：「餛飩，餅也。」是說以前餛飩是一種餅。吃的時候，要切成塊兒，下鍋煮食。唐代，稱餛飩為交子，這時的餛飩裏邊包上了餡子。及至五代，顏之推在《北齊書》中寫道：「今之餛飩，形如偃月，天下通食也。」由此推算，這種形如偃月、內中有餡兒，煮著吃的小食，在 1500 年前，就已在民間普及了。到了宋朝，稱為偃月餛飩，常見於時文之中。後來簡而稱之，餛飩一詞便一直綿延至今了。

137. 賣水

　　老北京城的井水原是很多,隨著老地名流傳至而今的王府井、四眼井、柳樹井、甜水井等,都是指彼時當地有水井而言的。因開掘水井的深淺不同,地段不同,水質各異,確有甜苦之分。因此,城裏就出現了賣水這一行當。自明代以來,甜水井都由水頭占管。水頭兒管水行賣水。水行有挑夫,專向買水吃的人家供水。買水戶需預先購買水牌,月底再一總結帳。

　　水戶則雇擁苦力充當賣水人,給賣水吃的用戶送水。送水用的水車、水箱、水桶皆為木製,十分笨重。裝滿甜水的水車,走在泥濘的街上,吱吱扭扭叫得煩人。賣水的挑夫最是辛苦,他們收入微薄,難以糊口養家。而且因為終日挑水所致,腿腳永遠是濕漉漉的。一到冬天,冰天雪地,挑夫雙足凍得赤紅糜爛,令人慘不忍睹。清末有《竹枝詞》描寫得頗為真切:

　　　　水夫挑水真可憐,下磨腳底上磨肩;腳底欲穿肩欲腫,只為要
　　尋糊口錢。不料各處近有自來水,不必挑水水自至,看來水夫從此
　　須棄行,靠水吃水不濟事。

　　直到上世紀 50 年代,自來水管安進了千家萬戶時,賣水這一行才退出歷史舞臺。

138. 糖炒栗子

糖炒栗子可是大人孩子們都愛吃的東西，甘甜綿軟，糯香適口。秋日閒坐，信手剝開一粒，仔細咀嚼，妙趣無窮。清代《曬書堂筆錄》的作者郝懿行，在乾隆年間到北京遊歷時，看到店鋪製作糖炒栗子的情況時寫道：

> 余來京師所見，店門外燃薪，上置大鍋，一人向火，一人坐高椅，以長柄鐵勺不斷攪動。栗子稍大，製法係酒麴、粗砂攪拌。與余幼時所見相似，但味道甜美過之。流行於街上叫賣，是食品中有名的美味。

他的這段話寫於1787年，即乾隆丁未年。其中製作糖炒栗子的情況與這枚煙畫所繪相差無幾。而且，與今日市井小販的製作也沒有多大差異。足見二百多年來，糖炒栗子的製法並沒有多大變化。

細考，糖炒栗子在我國頗有歷史。宋代大詩人陸游愛吃栗子，他有《夜食炒栗有感》一詩為證：

> 齒根浮動歎吾衰，山栗爆燔療夜饑；喚起少年京華夢，和寧門外早朝來。

此詩寫他青年時代，大清早兒去上朝，走到和寧門外吃栗子的事情。至今應有八百年的歷史了。炒栗子在當時是可以當早點以「療夜饑」之物。

139. 賣素餡包子

　　　　　　山中走獸雲中雁，腹地牛羊海底鮮，不及包子狗不理，又解飽
　　來又解饞。

　　這是民初流傳在天津一帶的一首民謠，盛讚地方特產——狗不理包子。

　　包子，是一種發麵皮內包餡，捏成圓形有摺兒、拳頭大小、蒸熟而食的一種大眾食品。最使美食家樂道的是北方的「狗不理」，南方的「菜根香」。他們蒸出的包子，皮兒薄、餡兒香，咬一口，唇齒留香，美不可言。是享譽南北的名牌。沒有字號的包子，則遍及城鎮的街頭巷尾，廟會集市。一個灶火一摞屜，小販在一旁隨蒸隨賣隨吆喝：「剛出的熱包子啦——」。悠長的喊聲，牽動著喜食者的匆匆腳步。

　　舊日，寺院庵堂左近，以及朝山進香的山門道側，亦有一種專賣素菜包子的。經營者不是市井小販，而是庵堂的尼姑。她們身著僧衣，足著布襪麻鞋，手臂挎一竹籃，籃上有素白棉褥覆蓋。見了行人，一手打拱，一看便知是賣素餡包子的。她們的包子分外講究，是用山蔬野菜加入木耳、蘑菇、松仁、丁香等物調製而成。皮薄餡大，上屜蒸時，灶中燒的是松枝、松塔兒。蒸熟出鍋，別有一種山野清香。吃在嘴裏，也是市井中難以嘗到的異樣口味。很多吃素的齋民香客，都樂於吃這一口美味。

140. 茶雞蛋

　　養雞生蛋，除食用外，用它換些零用錢，購鹽買醋，是我國農村經濟生活中的一大特點。雞蛋的營養價值很高，有的地方稱雞蛋為白果，因為它含有多種維生素，中醫、西醫皆把它推薦為人人宜食的保健營養品，鼓勵人們食用。鮮雞蛋，無論是煎、炒、烹、炸，還是煮、鹵、醃、蒸，各種吃法都對人有好處。其中，用茶水鹵製的雞蛋品味獨特，更受市井百姓的歡迎，作為可口的小吃歷久不衰。清末有一首《竹枝詞》寫道：

　　　　五香茶葉蛋，有甜也有鹹；最怕不甜又不鹹，燒得不好滋味淡。

　　淡而無味不好吃，廿文一個不值得。

　　此詞說的是茶雞蛋，但語涉維新，一聽，便是戊戌之後，譏諷變法改良的知識分子的口吻。

　　五香茶雞蛋，既可冷食下酒，也可熟食下飯。更可以作為小吃、零嘴，晨為早點，晚為宵夜，不早不晚，隨手打尖。無論是學子職員、販夫走卒，途中腹饑，在路邊買得一兩隻，順手剝皮放入口中，其味鮮美，價格便宜，故世人皆啖之。據說，當過八十三天皇帝的袁世凱就最愛吃此物，幾乎日日不可無此君。而且一啖就是六七枚，否則不能盡興。

141. 賣煮玉米

　　玉米，學名玉蜀黍，亦稱包米、包穀、珍珠米。俗名老玉米棒子。早年間，是我國的一種重要的經濟作物。

　　在農作物中，自古有「稻、菽、黍、稷」之稱。此間的「黍」，是穀物的一種，並非單指玉蜀黍。玉蜀黍的祖籍在北美墨西哥，原是印第安人培育的一種熱帶作物。其後輾轉傳入菲律賓、暹羅。大約到了宋代，傳入了中國。因水土適應，又加之高產易種，所以普及得很快。大江以北的廣大農村多種此物。老玉米遍布半個中國，並且培育出很多優良品種。玉米在西方是作為畜牧飼料之用的。而在我國貧瘠的農村中，玉米成為日常食用之物。

　　作為口糧，是在收成時，把玉米棒子掰下來，曬乾後，一部分挂成一串一串的掛在門首牆上，或堆入庫房。更多的是把玉米豆搓下來，裝入麻袋或土倉收藏。食用前，將其粉碎，按粉碎的程度和顆粒的大小、粗細，分成玉米糝、玉米渣和玉米麵等，稱為「粗糧」。用這種粗糧熬粥、蒸窩窩頭，或是貼餅子，是北方鄉鎮人民一年生活中主要的食物。

　　把新鮮的玉米放到灶膛裏燒烤，或用水煮熟，蒸熟，趁熱吃，也是味美非常。每年立秋前後，新鮮的嫩玉米剛一上市，城裏的小販就將其煮熟，放在保溫的木桶內，上街叫賣。因為價廉物美，風味獨特，備受市井婦孺歡迎。如圖所繪，賣煮玉米的小販與兒童交易之神態，真是呼之欲出。

142. 炸豆腐

近人《竹枝詞》中有《詠北京食物》贊油炸豆腐：

油煎豆腐角三尖，椒水一鍋漬白鹽；油煮聲聲來午夜，竹城戰士興增添。

詩中寫的是可當宵夜的油煎豆腐，是通宵打麻將人們的好吃食。其實，不僅僅是「竹城戰士」的喜好，普通百姓也人人愛吃。

小吃行中的油炸豆腐可分為三大類，一類為滷煮炸豆腐，一類為油炸豆腐，還有一類是油煎豆腐。賣油炸豆腐的小販，挑子的一頭是個滾熱的油鍋，另一頭放的是切成長方塊的豆腐塊兒。小販用文火烘著油鍋。賣時，先將豆腐夾入油鍋煎炸，待豆腐兩面全焦之後，撈出放入小碟當中，再澆上鹽水和大蒜汁，交給顧客食用。外焦裏綿，入口生津，尤其，藉重大蒜的清鮮香辣，刺激味覺，更使人們聞之垂涎，食而不厭。這也是油炸豆腐享譽不衰的妙旨。

這類豆腐小吃，雖然愛者甚眾，但一直是行街小販的擔中之物，最終沒有進入專門的店鋪。只有「東來順」、「南來順」小吃店偶而稍帶著有賣。

143. 賣涼麵的

　　麵條原為元宵節時落燈這天晚餐的食品。古有「上燈元宵落燈面，吃了以後望明年」的民諺。《儀徵歲時記》中也記載有：「（正月）十八落燈，人家啖麵，俗謂『上燈圓子落燈麵』，各家自為宴志慶。」我們的先祖原本不吃麵食。古人種植稻、菽、黍、稷。人們吃米、食豆都早於食麵。因為磨盤發明得較晚。在先秦諸子的文獻上，幾乎沒有麵食的記載。只有《墨子》一書中提到過一個「餅」字。到了漢代，人們吃麵食的記錄就多了起來。劉邦稱帝後，其父劉太公過不慣宮廷生活，吵著要回老家。劉邦就下令修建了新豐邑，把鄉間茅舍、街巷及酒館、餅屋也統統搬了進來。根據這條關於餅屋的記載，可以推想而知，民間已經普遍地食用麵食了。麵條的前身名叫「湯餅」。涼麵是多種麵條吃法中的一種。在夏天，市井百姓都喜歡吃。尤其是那些靠賣力氣掙錢吃飯的勞苦人，拉黃包車的、扛大個的、趕大車的、木匠、瓦匠、行街小販們，對涼麵擔格外青睞。

　　涼麵擔獨具特點，前擔上面是一個四四方方、乾乾淨淨的木盤子。上面攤著一窩涼麵。這種涼麵煮得八成熟之後，撈出來，用熟油拌好，攤在木盤子上。賣涼麵的小販，在沒有食客的時候，就用蒲扇不住地往上扇風。麵著油後，不會黏坨。待有人買食時，小販用筷子將麵條挑到碗中，澆上醬油、麻醬、蔥花、蒜汁、韭菜末一拌，香味噴鼻；吃在嘴裏，清涼滑爽；又飽人，又便宜。賣涼麵雖本小利微，但簡單方便，倒也是件生財便民的行業。

144. 豆腐擔

　　豆腐，相傳是漢朝淮南王劉璋的發明。劉璋為了避開呂氏專權時對劉氏宗室的迫害，故意在淮南韜晦，裝成無所作為，不問朝政，一心要當美食家的樣子。在他的主持下，廚役們經過多年的研製，將黃豆浸發研磨成漿汁，用水煮開，再點上石膏鹽鹵使其凝固後，用蕩布擠出水分，這樣就做成了豆腐。

　　豆腐白嫩晶瑩、糯綿適口，可煮、可燉、可烹、可煎，且可以製成一系列多種多樣的食物和菜肴。不僅營養豐富，而且宜素宜葷，人人喜食。史書上也給了豆腐很高的評價，稱之為「淮南遺制」。民間的豆腐店向來把每年農曆九月十五日定為豆腐的生日。行內人皆在這一天放假置酒，舉行隆重的紀念活動。馮問田在《丙寅天津竹枝詞》中有一首贊豆腐的詩：

　　　　豆腐方方似截肪，香乾名數孟家揚；汁能滋養勝牛乳，無怪街
　　頭多賣漿。

　　豆腐好吃，品種多，專賣豆製品的小販挑著的貨挑也就與眾不同。豆腐挑四四方方，上下分許多層，形同兩個小貨架子。每層分別碼放著不同的豆製品。最下邊是兩層濕豆腐，一層是硬一些的北豆腐，一層是軟一些的南豆腐。其他層則分別放著豆腐乾、薰乾、辣乾、豆腐皮、豆腐絲、豆腐泡等等。豆腐挑是走街串巷的小買賣，天濛濛亮時出挑趕早市，近中午賣光收挑。晚上再準備好翌日的貨物。每日勞作下來十分辛苦。

145. 賣愛窩窩

《燕都小食品雜詠》中有詩寫愛窩窩：

白黏江米入蒸鍋，什錦餡兒麵粉搓；渾似湯圓不待煮，清真喚作愛窩窩。

愛窩窩是北方的一種小吃食。它是用蒸得又稠、又黏的糯米飯，壓成小小的圓餅，放上不同的甜餡，如紅豆沙、綠豆沙、棗兒泥、糖桂花等等。用手摶成球狀，個頭兒比乒乓球小一些，外邊再滾上一層炒熟了的江米麵，最後，用手再按上一個小坑兒。放在過風處，擱得涼森森的，暑天吃上一個，又涼又甜，糯軟香綿，入口即化。嘿！那一種說不出的好滋味！所以，老北京人不論老幼，對愛窩窩都有個想頭。老年間，專有串街小販經營這一小吃。他們或是提一挎籃，或是肩一小挑子，用極乾淨的藍布墊底，細漂白布苫蓋，中間碼著一個個滾圓的愛窩窩，論個兒售賣，價格也不貴，尤為沒牙的老太太和兒童歡迎。

那麼，何以稱為愛窩窩呢？窩窩這兩個字好解釋，因為這些小球並非光圓，而是在下面有一個小坑兒。這小坑兒在北方便叫「窩窩兒」。李光庭所著的《鄉言解頤》中提到愛窩窩。文稱：「窩窩以糯米粉為之，狀如元宵粉荔，中有糖餡，蒸熟外糝薄粉，上作一凹，故名窩窩。田間所食則用雜糧麵為之，大或至斤許，其下一窩如臼而覆之。茶館所製甚小，曰愛窩窩。」

146. 賣雪花酪

酸梅湯、雪花酪，冰盤藕片涼粉罩；三伏酷暑來一盞，渾身爽快勝冰窖。

這是一首舊日老北京的兒歌。歌中唱到的酸梅湯、雪花酪、藕片、涼粉，都是人們喜愛的夏日小吃。惟有雪花酪，現在已見不到了，只剩下老人們的叨念。

舊社會，窮人孩子沒有錢，缺嘴吃。伏天兒熱得叫人發昏，都想吃口涼的，但冰淇淋是吃不起的。就有人想出了這麼個主意，製造「土法冰淇淋」。冬天從永定河上鑿出來的大塊浮冰，用草席包裹放入地窖，藏了一個冬天。到了夏天時取出來，用一種特製的冰刨，壓在冰上，用力反反覆覆地刨下一盤盤的白冰渣，在冰渣上，再兌上雞蛋清、山楂汁，最後再撒上幾片京糕、幾枚果脯，就算製成了。因為模樣白礤礤，吃起來還有些奶油味，有學問的旗人給它起了個名字，叫雪花酪。

《劉葉秋講北京》一書中寫道：「雪花酪，即一種低級的冰激凌之類。製時用大木桶，內置碎冰，上放鐵桶，以繩繫其腰，左右旋轉之，其中原料因搖動冰凍而成屑狀，略如今日冷食店所售之「冰霜」。自炎日之下走來，進此一杯，燥渴頓止，小兒輩尤喜之。」

147. 烤白薯

　　烤白薯是最樸素的一樣小吃。白薯分紅瓤、白瓤兩種。白瓤的瓤色中透有些許淡黃顏色，水分少、糖分少，吃起來有些噎，略帶栗子香味。烤白薯最好用紅瓤，取其水分多、糖分多，烤出來瓤肉金紅，色如杏脯，糖分、水分滲入烤焦的薯皮，使皮肉相黏，彷彿在皮上攤了幾層蜜汁，甘甜滋潤，美不可言。

　　在城鎮市井中，處處都可以見到賣烤白薯的小販，一隻用廢鐵皮油桶改製的爐膛內，整齊地碼放著洗得乾乾淨淨的白薯。小販手操著二尺長的鐵夾子一邊翻烤，一邊吆喝：「賽過糖炒栗子的烤白薯啦──」。隔著老遠，那烤白薯的香甜氣味，足以令人垂涎三尺。尤其在寒冬臘月、冰天雪地之時，吃一口剛出爐的烤白薯，又解饞、又飽肚，是人人愛吃的東西。

　　白薯又稱山芋，原非中國出產。據陳世元《金薯傳習錄》說，它是在明朝萬曆年間，由福建商人陳振龍自呂宋引入。而另有史料記載，說是廣東吳川縣人林懷竺引入我國的。林懷竺原是一名中醫，他給安南國公主治好了不治之症。後來，他經過層層關卡，費盡了千辛萬苦，將安南嚴禁向中國出境的番薯，成功的帶回了廣東加以傳播。清人鄭洛英的《金薯詩》，對白薯給予了高度評價：

　　　　偉哉造物仁，異種佐百穀。一畝之所收，連簣接盈蒼。較之櫃
　　柜種，什佰倍其熟。浮浮而於蒸，甘貽如米粟。渴可以生津，饑可
　　以果腹。

148. 賣油郎

　　坊間有一齣戲叫做《賣油郎獨佔花魁》，寫的是賣油郎秦小官與花魁女戀愛的故事。情節中與現實的賣油郎本無什麼關聯，可是在上世紀二十年代，北京的油行行會曾上書市政府社會局，要求禁演此劇。

　　起因是京劇著名小生程繼仙，他在與王瑤卿演出此劇時，很是轟動，每貼必滿，很叫座兒。程繼仙先生扮演秦小官，他在上場時，挑著一對香油桶。來到妓院門口，鴇子命小丫環出來買油。秦小官在賣油時，用了油提子從油桶裏勺出油來，使了一個「穿錢吊線」的動作，往丫環的油瓶中倒油。因為，動作很俏皮，平日每演至此，必定要個滿堂好。可是有一次演到這兒，不知怎地，得罪了臺下看戲的一夥兒油鋪掌櫃的。他們說，這一個「穿錢吊線」的身段不對，而且是有意譏諷本行夥眾，人人都是「見錢眼開」的「勢利眼」。於是一起哄，茶壺茶碗就飛上臺去，算是把戲攪了。時人有詩記寫此事：

　　　　伶人作戲何癡癡，錙銖描摹稱寫實。繼先不繼小官好，能到青
　　樓拜花時。

　　其實，賣油的小販用油提子、油漏子「吊線」倒油這一技巧，是必須掌握的一種動作。因為油貴，尤其香油，錙銖是鈿、點滴不得丟漏。而且油漬最易污染衣服什物，自當分外小心。賣油的往瓶子裏倒油，講究不沾瓶邊、不溢瓶口，「吊線」倒油，盡入瓶中，有這一套基本功，方能上街做買賣。

149. 鴛鴦火鍋

　　鴛鴦火鍋，是以傳統毛肚火鍋的紅湯鹵和宴席菊花火鍋的清湯鹵，兩者合併改製而成的一種火鍋，也叫「雙味火鍋」。

　　這種火鍋用銅片隔成兩半，造成一個太極圖形，一邊放清湯鹵，一邊放紅湯鹵，入鍋燙涮的原料可隨人意。美食家愛新覺羅‧溥傑曾說：「這個菜很好，好就好在有發展。它巧妙地將四川傳統的紅湯火鍋和清湯火鍋匯於一鍋，風味別致，頗有特色。更可取的是這個菜的容器，這種太極圖鍋耐人尋味。」

　　專做這種生意的小販把這隻鴛鴦火鍋挑到街頭，不管南來的、北往的，愛吃辣的、不愛吃辣的，均可選擇各種肉片和蔬菜，涮一碗嘗嘗，生意很是紅火。

　　小販在湯鹵的配製是很講學問的，紅湯鹵的基本調味是用牛肉湯加牛油、郫縣豆瓣、豆豉、冰糖、辣椒末、薑末、花椒、川鹽、紹酒、醪糟汁等，口感豐富，味濃味厚，麻辣適口，鮮香回甜。清湯鹵則要用老母雞、老肥鴨、火腿蹄子、火腿棒子骨、豬排骨加水熬製，再加用豬肉茸和雞脯肉茸來掃湯才成。其間，決不可偷工省料，顧客的嘴是騙不得的。幹這一行的小販說的好：「下料騙人一時，買賣悔人一世。」這叫做：「紅湯叫做麻辣燙，白湯叫做燙香麻；紅湯可涮牛羊肉，白湯可涮毛肚花；豆腐冬瓜雞毛菜，豆芽豆皮海帶滑；二兩白酒三兩面，滾瓜肚圓褲子鬆啦！」

150. 炸臭干

臭豆腐干的製作和食用，最早見於明朝人李日華的《蓬櫳夜話》。他說：安徽黟縣人喜歡在夏秋間，用醃腐讓豆腐腐敗生毛，然後擦乾，投入沸油中煎炸，再撈出和其他食物共煮而食，據云有「海中鱷魚」之味。

據說，最正宗的油炸臭乾兒是湖北，炸製最好的是武漢火宮殿。筆者少壯時到武漢出差，朋友們拉著去火宮殿遊玩。剛一下車，還沒有找到火宮殿的正門，一股股衝天的臭氣便撲面而來，過了影壁第一進大院，只見人聲熙攘，滿滿騰騰一屋子的男女。屋內貼牆處，支著兩隻大鐵鍋，鍋下爐火彤彤，鍋內熱油沸沸。兩名廚師，左手持一鐵漏勺，右手操一兩尺多長竹筷，各司一爐。再一細看所炸之豆乾兒，令人嚇了一跳。只見依牆一溜兒荊筐，筐內堆滿黑乎乎的豆乾兒，色如青墨，狀如著了霜的乾柿餅兒，都長了發了黴的綠毛兒，令人不忍細睹。司爐的師傅用鐵漏勺從筐中取了十餘個臭乾兒，往滾熱的油鍋中一放，只見油鍋碴喳作響，泛起陣陣的白泡，一股股臭煙從白泡中冒出，衝上屋頂，繞樑而出。司爐的師傅用長竹筷夾著鍋中的豆乾兒，上下翻了一遍。用鐵漏勺一撈，控一下油，放入碟子，交到了我們的手中。朋友忙澆上蒜汁、辣油之類的佐料，隨手拿上兩根小竹籤，往盤中物上一戳，「開吃吧您哪。」我用竹籤串起了一隻臭乾兒，試著用嘴咬了一小口，只覺得牙齒先穿透了一層韌脆的皮兒，而後咬到中間的豆質，綿軟適口，齒中留香，而其中的臭氣，此時早已遁入九霄雲外去了。

151. 打年糕

清人張春華在《滬城歲事衢歌》中寫「打年糕」:

家家搏粉製年糕,仿款蘇臺歲逐高。人肆恍如秋八月,桂花香細染寒袍。

年糕,是春節時製作的一種米類食品,這一稱謂的約定俗成,應該是從明代叫起來的。年糕有南、北之分。南方講究打年糕,每到農曆年底,農村都有打年糕、吃年糕的習慣,每家每戶都會用糯米磨成粉打成年糕,並作為新年中走親串戶送親戚的傳統禮物,因而「年糕」便成了民間祝福親朋好友年年登高的「好口彩」。

打年糕是門學問,打得不好不僅吃起來不細膩,而且存放時間也不長。打年糕要經過淘米、磨粉、燒火、上蒸、翻蒸、打糕、點紅,最後才能製成。打年糕的人須是一個壯勞力,他用舂杵反覆地舂打,把江米粉舂細、舂爛,捶打成黏砣砣兒。此時做年糕的正式上陣,他先把糕切成條,用布包好保溫置於一旁,考究的,還要用大拇指把側邊修平修光,切段後上箕。幾天後乾了就可以取下來了,浸在水中,數月不壞。這種年糕是日常食用的,可以蒸、煮、烹、炸,做菜、製成甜食點心均可。蘇東坡有詩詠《年糕》:

纖手搓成玉色勻,碧油煎出嫩黃深;夜來春睡無輕重,壓扁佳人纏臂金。

152. 賣年糕

　　而北方的年糕有所不同，北方人是把蒸熟的江米一層層地攤在案板上，在每層的江米糕間夾入豆沙、棗泥、果脯、青絲、紅絲和金糕。吃的時候，用刀切成菱形糕片，再撒上白糖食用，給新年食譜增加無盡的喜慶。因為好吃，故平時也有小販推車售賣，打破了一個「年」節的制約。

　　賣年糕的小車形制獨特，獨木輪，輪上是攤放年糕的平案板，板下有四條長木腿，為的是停靠方便。南方賣水磨年糕不用車子，而是用一付挑子擔著，或是胸前挎一木盤，走街串巷吆喝著叫賣。

　　細考，吃年糕這一習俗形成的歷史並不久遠。漢代《說文解字》中雖有「糕，餌屬」一說，但在《五經》《四書》和宋前文獻中幾乎沒有「糕」字。年糕想必也沒有出現。從詞意上講，糕，是米類製品；年糕，自應是春節過年時製作的米類食品，也就是今日南、北年糕的模樣。這一稱謂的約定俗成，應該是在明代。明人劉侗在《帝京景物略》中寫道：北京「正月元旦，淡黍糕，曰年年糕」。大畫家唐寅也有一首題詠《年糕》的詩，這都證明了當時年糕已出現，年糕這個詞也開始普及使用了。他在詩中寫道：

　　　　題糕射粽說奇才，饋實春朝笑口開；記否堆盤棗梨蓼，年年古
　　語慣聽來。

153. 賣糕餅

　　唐朝的白居易有詩詠《胡麻餅》：

　　　　胡麻餅樣學京都，麵脆油香新出爐；寄於饑饞楊大使，嘗得看似輔興無。

　　南宋吳自枚的《夢粱錄》所載的糕餅名目有：「甘露餅、肉油餅、菊花餅、豐糖糕、乳餅、乳糖槌、柏花糕、糖蜜糕、豆團、麻團、糖蜜酥皮燒餅、夾子、薄脆、春餅、芥餅等。」元代四水潛夫的《武林舊事》則更為豐富：「糖糕、蜜糕、栗糕、粟糕、麥糕、花糕、雪糕、小甑糕、線糕、千糕、杜糕、重陽糕。」《蒸作從食》中有「荷葉餅、芙蓉餅、月餅、小蜜食、金花餅、胡餅、韭餅」等等。清代袁枚的《隨園食單》又有增加，如「蓑衣餅、蝦餅、薄餅、松餅、雪花糕、軟香糕、百果糕、青糕、合歡餅、雞豆糕、沙糕、天然餅」種種。

　　歷代市井廛間各式各樣的糕餅店、糕餅鋪、糕餅攤、糕餅挑、糕餅匣子，給熱鬧的城鎮生活增添著無窮的生機和活力。製作、售賣各色糕餅，有著一支龐大的從業隊伍。他們的智慧和勞動，創造出無數名牌老字號，也創製出無數的名牌糕點。如大順齋的糖火燒、永順齋的糖餑餑、稻香村的槽子糕、祥德齋的雲片糕、桂順齋的大八件、冠生園的蜜餞兒、杏花樓的花糕、陶陶居月餅等等，全都名揚四海、婦孺皆知。就是提籃、挑擔賣糕餅的行街小販，也都各有各的絕活，以贏得消費者的青睞。上圖便是提籃叫賣糕餅的小販沿街兜攬生意。

154. 換饃做醬

　　一位曾出使中國、朝見過大清皇帝的英國人，在他的一篇回憶錄中寫道：他每次拜見皇帝路過南書房的走廊時，總會聞到一種黏乎乎、熱烘烘、腐敗刺鼻的氣味，也分不清是什麼東西發出的。只是看到廊子的兩廂，貼牆根兒排列著一溜兒密封著的罈子。後來，私下裏向漢人官員打聽，方知道罈子裏裝的是一種用麵食發酵的東方食品，叫做「醬」。當年，朝臣們也都很奇怪，諾大的皇宮，為什麼把廚房的東西供放在皇室辦公的必經之路上呢？齊如山先生稱，宮裏這一奇景叫做「克食做醬」。他說：「清宮祭祀所供之物及餑餑等，分賞眾人，皆曰克食。太監得賜太多，吃不消，乃用以做醬，氣味極佳。其做法與商家做甜麵醬同，但味則香厚多矣。用以送禮，得者珍之。余常得數器，以之做菜，實較它醬為佳。」用麥、豆及麵製品經發酵後製成麵醬，是我國古代在飲食方面的一項發明。也是庖廚的重要之物。

　　民間的醬房在製作上等的麵醬和甜麵醬，也要在豆麥醬坯裏面加入一些熟麵食製品，如剩饃、剩餑餑、剩餅、剩麵條之類去漚醬。但這類剩餑餑、剩餅之類的東西畢竟很少，因此，就出現「換饃做醬」一行。這行人，左手挎一竹籃，籃中放些粗瓷盤碗，都是些不值錢的東西。用它來向民宅住戶換取吃剩下的、放乾了的或是發酸長毛了的剩餅剩饃。他們肩頭背挎著一個大破口袋。凡換回來的吃食，統統裝進口袋內，攢到一定程度，送到醬房，算是製醬原料。

155. 賣粢飯

　　粢飯，是江南最普及的一種民間早點。用粢飯包熱油條捏緊，或可再加其他配料，比如說：榨菜丁、鹹菜丁、蘿蔔丁等，趁熱吃下，味道甚美，而且經濟實惠。在南方每日清晨在街頭巷尾都能看到售賣這種小吃的攤檔。

　　賣粢飯的小販，每天睡覺之前將糯米、粳米按三比一的比例摻和淘淨，倒入大木桶中，用冷水浸泡。待到三更起床，此時米粒已吃水發漲，撈出瀝乾，倒入墊有蒸草的蒸桶內，再把蒸桶放在裝有半鍋水的鍋上，桶底離開水面。然後，把灶火生旺，將水煮沸，使蒸氣上湧，開始蒸飯。當上面的米已蒸熟時，打開蒸桶，澆上一大碗熱水，立即加蓋再燜一會兒，粢飯即成。此時天已濛濛亮，小販就把整桶的米飯運到每日售賣的街道旁，等著來往的顧客。

　　賣粢飯的旁邊總是緊挨著一個煎油條的攤檔。食客總是先買上幾根油條，交給賣粢飯的，賣粢飯的用一塊濕布攤在左手掌上；右手撈一團粢飯放在濕布上攤開，把熱油條包入一根，再放些白糖，用雙手控攏捏緊即成。顧客趁熱吃，吃到嘴裏，軟、韌、脆、酥，格外香甜，即經濟又實惠，花不了幾個錢便可裹腹，深受市井百姓歡迎。

　　另外，還有一種吃法，叫作粢飯糕。一些小的食店門口支上一口鐵鍋，倒入大半鍋油，將粢飯糕投入鍋裏去炸。炸得外脆裏軟，咬一口，鹹滋滋的，還有一股蔥花香味。清晨用大碗去買幾塊，與豆漿一起吃，也是一種美食。下午也有買的，純粹作為點心吃。

156. 賣硬麵餑餑

夏仁虎在《舊京秋詞》中,有一首描寫老北京的小販叫賣硬麵餑餑的詩:

可憐三十六波波,露重風淒喚奈何;何處推窗呼買取,夜長料得女紅多。

作者解釋這首詩時說:第一句是借用姜西溟詩嘲笑他的朋友貪食的句子,「取音如波,遂借入歌韻偶取用之」。其中,暗中隱喻著硬麵餑餑好吃,人們多喜食之。第二句則描寫了賣餑餑小販的淒苦,常於夜深人靜之時,穿街走巷,低聲吆喝,「聲最淒婉」。第三句,又寫出了老北京的習俗,謂「都下編戶人家,臨街闢窗,以進熟食,不須啟戶」。也就是說,老北京人的窗戶臨街的多,買餑餑時都不用出門,推開窗戶就能交易了。第四句,則說明了購買者多是小戶人家,她們多是在燈下熬夜做活計的家庭婦女。

餑餑,原是滿語,是麵饃的意思。清兵入關之後,餑餑的口語也就傳了進來。餑餑類似北方的饅首,但又有所不同,餑餑的麵和得比較硬,蒸熟之後,再放入爐中烤,外皮烤得又薄又脆,吃起來又香又勁道,是平民的喜食之物。很便宜,相當普及。賣餑餑的小販用頂在頭上的籮箕中,放有硬麵餑餑、燒餅、麻花、發糕等麵食多種,但口中吆喝的只是「硬麵——餑餑」。正是:

涼果楂糕聒耳多,吊爐燒餅艾窩窩;叉子火燒剛買得,又聽硬麵叫餑餑。

157. 賣金糕

清人楊靜亭在《都門雜詠》中有一首《竹枝詞》詠金糕：

南楂不與北楂同，妙製金糕數滙豐；色比胭脂甜若蜜，鮮醒消食有兼功。

金糕又稱京糕、山楂蜜糕。是一種用山楂製成的風味小吃。把山楂去核煮熟後，再用細籮篩去果皮，製成果肉泥，調入適量的糖、團粉和紅色的食物染料，放涼後，就凝成酸甜可口、色澤紅潤、又有彈性的晶狀蜜糕。這種金糕，健脾開胃、消渴化食，是男女皆宜、老幼喜食的小吃食。

當然，金糕的品質有好有壞，有精有粗。精者，如老北京的滙豐齋製作的金糕，不僅要調入冰糖、蜂蜜、茯苓、桂花，而且要用銅鑄木勺、黃松白炭，三升三降、九轉六翻，才能凝聚成凍。這種金糕自然色如寶石、味若瓊脂，價值也就貴得可以。而普通人所用的金糕，則是小販在家中因陋就簡自行熬製的。所用山楂也是廉價的次品，熬時只加蔗糖，顏色不太好看。

金糕做好後，放在一個挎籃上，籃上橫著一塊小苫板，板上鋪上一塊濕白布。把金糕放在白布上，紅白相映，備顯水靈。出街前，用小刀切成大小薄厚不一的長條塊，再苫上一塊濕白布，就可以上街去賣了。賣時吆喝：「金糕來，又酸又甜的金糕啦——」。無論冬夏，都是一樁受歡迎的小買賣。尤其是平民小童，一聽吆喝聲，便已垂涎雀躍了。

158. 刮涼粉

　　賣涼粉的小販分為兩種，一種是擺攤的，一種是挑擔子的。清人倪繩中《南匯縣竹枝詞》中寫道：

　　　　如晶如玉白無瑕，梅醬糖霜次第加。涼沁心脾清心骨，荷蘭汽水不須誇。

　　詩後小注說：有一種涼粉是以一種俗名涼粉子的草子，揉於水中成液，磨茨菇汁點之，「涼粉」，加入梅子醬、薄荷汁，更加香爽適口。

　　擺攤賣涼粉的小販，是在攤桌上放著一大坨用白紗布苫著的涼粉坨，粉坨上還壓著冰塊兒。兩側則擺滿了什錦調料，芝麻醬、蒜汁、辣椒、麻油、骨粉、醬油、米醋、精鹽，還有切得非常精細的紅絲、綠絲。紅絲，是胡蘿蔔絲或小紅蘿蔔絲；綠絲，則是黃瓜絲、青蘿蔔絲。另外，還有切得極為細小的薺菜頭、鹹菜丁、老醃蘿蔔丁等小鹹菜。

　　來了顧客，小販就用一把固定在木架上的、可以幌動的、有齒兒的刮刀，在粉坨上邊來回地刮動。把刮下來的、一條條的涼粉放入碗中，再調入各種調料，如果好吃辣的，還可以澆上一些辣椒油，然後交付食客食用。當年，在烈日之下吃上一碗，涼絲絲地美到心裏。筆者兒時跟著爺爺奶奶逛廟會，遇到涼粉攤是必定要買上一碗吃的。當時感覺到的那個美滋味，簡直就無法形容了。

159. 賣粽子

粽子，是用棕葉包裹糯米和棗子、雲豆、花生仁或醃肉等，包成三角狀，而後用馬蓮拴繫，放在鍋中蒸煮。熟後，素的，加糖；肉的，沾醬油。男女老幼皆喜食之。每到端午節，家家都要買江米和粽葉，自己包製粽子食用。平時，在市井的小食店也有售賣。還有一種行街的小販，把蒸熟的粽子放在一個密封的木箱裏，走街串巷地喝賣。遇有買主，當即打開木桶，代食客剖開粽葉，加糖奉上。

粽子，古時的名稱叫做「角黍」。《風土記》載：「仲夏端五，烹食角黍。」端五節，食角黍，這一風俗已相習了兩千多年的歷史，是人們為紀念偉大的愛國詩人屈原而發起的。

《異苑》一書載：「粽子，係屈原姊姊始作。五月以竹筒貯米，投水祭屈原，後人或以之祭祖先。」到了唐宋時代，粽子已成為大眾化的節日食品，我國各地的粽子異彩紛呈，歷史上就形成了許多風味獨特的品種，且各有名氣，如北京的小棗粽子，山東的黃米粽子，上海的豬油夾沙粽子，嘉興的鮮肉粽，湖州的豬油豆沙粽，陝西的蜂蜜涼粽子，廣東的鹹水粽、燒鴨粽、椰茸粽，四川的椒鹽粽子，都是很有名氣且為美食家所稱道不已。

端五節吃粽子也與插菖蒲艾蒿、掛葫蘆、飲雄黃酒、小孩戴老虎帽的風俗一樣，有驅五毒、避瘟瘴的作用。

160. 賣麻花

　　麻花金黃醒目，甘甜爽脆，甜而不膩，口感清新，齒頰留香；好吃不油膩，多吃又不上火；且含有蛋白質和多種維生素。用其休閒品味，也可佐酒伴茶，是個很理想的消遣食品。京津一帶男女長幼都喜愛吃它。

　　專門炸製和售賣麻花的小販是很是辛苦的。他們在天未亮之前，要把麵和好（據說是用溫油和麵），撒上桂花、閩姜、白糖、青梅、核桃仁、青紅絲等，先製成酥餡麵，再搓成酥餡條；或是用糖汁合面，搓成白條；再把一部分白條沾上芝麻，搓成為麻條。把酥餡條、麻條、白條三股合擰，對折，再擰成型。然後放到大油鍋中，油要煮沸，大約在二百一、二十度上下，反覆翻炸，炸成酥透的金黃色。出鍋後再夾上冰糖塊，撒上青紅絲和瓜條等，就成了什錦夾餡麻花。

　　賣麻花的挑子一頭大一頭小，大頭一邊有一個高沿的木盆，上面擺放大大小小的麻花。小的一頭是個帶蓋的木桶，桶內存放麻花。白天小販走在街上，一隻手捂著耳朵叫著：「蜜麻花喽——，招人愛地、吃不夠地、越嚼越香地蜜麻花喽——」，聲音嘹亮起伏，特別引人。

　　北方的麻花以天津「桂發祥麻花」最為出名。「桂發祥麻花」的創始人是范貴才、范貴林兄弟，他們曾在天津大沽南路的十八街各開了一爿麻花店。炸出來的麻花，因配料獨特，火候獨到，酥軟香甜與眾不同，香、酥、脆、甜，在通風處放置數月不走味，不綿軟、不變質，堪為一絕。

161. 賣豬頭肉

《紅樓夢》中，一位廚娘吹噓自己的手藝時說，她用一根秫秸杆，就能把一個豬頭燉得爛熟。看來燉豬頭，吃豬頭肉，也是我國傳統饌肴中的一種美味。不僅平民百姓拿來佐餐下酒，就是「鐘鳴鼎食」之家也喜而食之。

其實，烹飪豬頭的習俗源之久矣。上古祭祀儀禮中，豬頭便是「三牲」之一，與牛頭、羊頭一起，代表豐厚的禮品供奉上蒼和祖先。

一隻豬頭十幾斤重，滾水燙後，刮毛洗淨，置入大鍋內，加鹽、糖、黃酒、醬油、蔥、薑、蒜、花椒、大料、茴香、桂皮、老湯煮沸後，微火燜燉。直到爛熟脫骨，再用松木炭火燻製，使豬頭抽油著色、通體晶瑩。再晾乾冷置。到吃的時候，用快刀切成薄如皮紙的肉片。每片有皮有瘦肉，中間夾著細嫩的白膘，放入盤內，澆上醬油、醋和大蒜合成的滷汁。那真是膏而不葷、肥而不膩，清醇可口，齒頰留香。

但是，終因這口吃食來的位置不雅，多為「遠庖廚」的士大夫所不恥。到了明清之際，豬頭肉再好吃也上不得席面。這種美食也就只成了市井百姓、販夫走卒的酒菜小食了。豬頭肉與肝、肺、腸、肚兒、豬蹄膀都屬下水貨，價格比豬肉、排骨便宜得多。有的小販專以燻製豬頭肉為業。講究天將擦黑開張，現買現切，燈影看秤，荷葉打包。夏天可以一直賣到午夜時分。

162. 烤羊肉

立秋時節竟添膘，爆涮如何自烤高，笑我菜園無可踏，故因瘦損沈郎腰。

夏仁虎在《舊京秋詞》中是這樣描寫烤羊肉的。詩中把烤羊肉獨特的美味寫盡寫絕，饞涎之處，把沈郎的腰肢都要折損了。

我國馴化野羊、畜養羊隻、食用羊肉的歷史可溯源於上古時代，最少有五千多年的歷史。古漢字中凡與味美有關的字，亦多能見到羊的影子，例如：讚揚味道的「鮮」字、「美」字、「善」字，珍貴的菜肴「饈」字、「羹」字以及垂涎羨慕「羨」字等等。可見，古人對羊和羊肉充滿著溢美和崇拜之情。

羊肉切絲，可以抓炒、爆炒；切片兒，可以涮著吃，這也是滿族進關後，給我們帶來的一口美味。把羊肉切成塊兒，清燉、黃燜、爛煮、紅燒，其鮮嫩綿糯，也是百味難以媲美的。秋後，把剛上了膘的小羊烤著吃，更是美中之美。

烤羊肉有多種吃法，「拆烤」是其中之一。這是行街小販們的生意。他們在小爐子上加一個大塘兒的套桶，桶內的鐵箅子上烤著拆開的羊腳、羊肋、羊排等。如圖中所繪，由賣主兒任選。烤熟出爐，再用麻繩栓好，另配一小包香鹽佐料，拎回家去，沾著下酒，也是老北京市井人家的一種口福。時至而今，這種拆烤已為滿大街烤羊肉串的替代了。

163. 年貨攤

　　「春節」又稱「過大年」。一過臘八，滿街年貨攤就都擺了出來。或商店門口，或空閒街邊，通街貨攤比比皆是。攤面貨品琳琅滿目應有盡有。有的年貨攤專售祭祖敬神的香、表、紙、燭、金銀箔、灶王、灶馬、門神爺；有的攤專門出售春聯、紅紙、五色紙、糊窗布，還有年畫、窗花、粉蓮紙。有的攤專賣紅白糖、茶葉、薑、椒、大香、紅麴、薑黃、海產、金針、木耳、各類果乾；有的專賣爆竹、杯筷、香煙、生煙。此外，還有賣大肉、羊牛肉攤，凍魚攤、野味攤、粉條攤、炒貨攤、鞋帽攤、香燭攤，五花八門、應有盡有。城裏的平民百姓和四鄉八鎮的農民，只要過得去生活的，總要買點過年用品，俗稱「辦年貨」。

　　這張圖上所畫的年貨攤，與前邊所說的年貨攤兒有所不同，擺這種攤兒的，實質上都是「燒臘鋪」如「脯五房」、「南味齋」派出的夥計。他們只在臘月三十的前三天，分別在前門大柵欄、花市、隆福寺、護國寺等人多熱鬧之處，臨時擺攤。把櫃上做的燻雞、烤鴨、燒鵝、小肚、香腸等燒臘肉食都掛在靠牆的架子上，而攤前則擺放著切好和還沒切的年糕，這些年糕並不單賣，只是顧客買燒臘的贈品，既凡買燒臘一份，便贈送年糕一塊。寓意著人們的日子一年更比一年好。時人有詩云：

　　　　年糕寓意稍雲深，白色如銀黃色金。年歲盼高時時利，虔誠默祝好福臨。

164. 涼茶攤

　　早年間北京賣大碗茶的都是挑挑兒做生意。前門大街上、什剎海海沿上、各個城門臉兒的門洞口、天橋一帶，常能碰見挑挑兒賣大碗茶的，一般都是老頭或是小孩，挑子前頭是個短嘴兒綠釉的大瓦壺，後頭籃子裏放幾個粗瓷碗，還挎著倆小板凳兒。一邊走一邊吆喝。碰上了買賣，擺上板凳就開張。

　　賣大碗茶的現在也還有，差不多全都改成茶攤了。樹陰底下，支上一張小桌，擺幾個小凳，玻璃杯裏早就晾好了茶水，上邊還都蓋著蓋兒，透著那麼乾淨，那麼涼快。顧客來了，一口氣能喝下好幾杯。在炎炎烈日下走在街上，能喝上一杯生津止渴的涼茶，那是多麼愜意的事啊！

　　涼茶的茶葉不一定是雨前、龍井，大多是一種「高沫」，它能生津消渴、怯暑解毒。正如《神農本草經》載：「神農嘗百草，日遇七十二毒，得茶而解之。」喝上一杯，也就花一、兩個大子兒，「咕嘟嘟」地喝個「透心涼」。頓時心舒意快，燥汗全消。再坐下來歇歇腳，與小販閒聊上兩句，實在快活。

　　民國後，擺茶攤的小販想發財，也洋氣起來，學著洋買賣，去銷了茶壺而改用了保溫桶，孬茶葉對香精泡在桶裏，一杯茶錢還漲了一倍。喝著可就不是那麼有滋味了。

165. 配涼茶藥

　　嶺南人喜歡飲用涼茶，尤其在夏日暑天，一杯涼茶入口，儘管味道辛苦非常，但頓時生津止渴、清涼舒坦；有的還能怯風降火、清熱去濕、提神醒腦，養顏護膚，頗有神效。民間烹製涼茶的配方很多，大多用金銀花、杭白菊、玫瑰花、烏龍茶、黃山貢菊、枸杞、白芝麻、麥冬、胖大海、茉莉花、山楂、甘草、薄荷、毛峰茶、銀菊、玫瑰茄、銀杏葉等中草藥，加入冰糖，進行長時間的煎熬製，放涼之後，全家飲用。

　　清朝道光十七年前後，有一位叫王澤邦的鶴山人，小名阿吉，年長後，人們都稱他為王老吉。老吉平生嗜醫好藥，他在廣州十三行靖遠街開設了一間醫館，熬得一手好涼茶。平日在醫館裏賣藥診症，一般的病人服下他配製的涼茶三杯兩碗，便可以茶到病除了。據說，林則徐在廣東禁煙時，整日奔波勞累，不幸中暑困熱、咽痛咳嗽。遍延名醫診治不見效果。家人找到王老吉，請他看病。老吉便把自己煎製的涼茶奉上，林則徐服後，不久病除。林則徐問他茶中都是什麼藥？老吉如實相告，無非是崗梅、淡竹葉、五指柑；摻以山芝麻、布楂葉、金沙藤、金櫻根、木蝴蝶，金錢草、火炭等配製而成。林則徐特囑他，這樣的良方好茶，益國益民，何不推而廣之。就親手為他題寫了「王老吉」的匾額。從此，王老吉既賣涼茶，又把草藥配成藥包，方便顧客遠行攜帶。

　　彼時，閩廣一帶專有為普通人家配製涼茶藥引的人。身帶各種中草藥，有人要配製時，當即為之。名為便民，其實也是一行小賣買。

糖果

166. 猜枚賣果

　　猜枚賣果與猜枚賣糖是同一類型的生意。做這種生意的都不是正當的生意人，多是一些市井游民、無賴之徒所幹的營生。

　　夏、秋之月，各色水果上市，他們從果市上批發來水果，用一大筐在街頭巷口擺上一個攤，梨、桃、葡萄，論堆兒陳列，也不標示分量，也不標示價錢，賣東西不用秤，而是手握三支竹籤，每個籤子各串銅錢一枚、兩枚、三枚，以分大小，一併握在手中。來了顧客先要買枚。比如兩個銅子可以猜一回枚。要猜某一籤上穿著的銅錢是幾隻，猜中了，就可以任意取走攤上的一堆水果。猜不中，則自認倒楣。那麼就再買再猜。

　　這種交易看著十分簡單容易，其實是一種騙術，中與不中的機關，全把握在賣枚人的手中。他能用熟練的手法，任意改變籤上所串銅錢的數目，使人上當受騙。當然，受騙者多是兒童、癡漢。時人有《竹枝詞》嘲之：

　　　　賣果騙人套老籤，小孩怎知此機關。一心想要佔便宜，那有便
　　宜讓你賺。我勸世人長心眼，斜門歪道不可沾；更勸世間無賴漢，
　　切莫長出爛心肝。

167. 賣芭蕉

　　芭蕉是一種多年生的草本植物。葉子很大，長橢圓形，長於中庭，婷婷玉立，微風一過，羽葉搖弋，分外多情。古人對芭蕉的形、質、姿的描繪十分生動，謂其「扶疏似樹，質則非木，高舒垂蔭」。杜牧有詩云：

　　　　連雲接塞添迢遞，灑幕侵燈送寂寥。一夜不眠孤客耳，主人窗
　　外有芭蕉。

　　北方天氣寒冷，不適合香蕉的生長，加之運輸不便，產於南方廣州、海南一帶的香蕉也很難運到北方來。即便運到，價格也就很貴了。平民百姓對香蕉很難問津。而芭蕉與香蕉不同，溫帶也可以生長，它的花是白色的，結得果實跟香蕉很相似，只是比香蕉小了很多。而且味道苦澀，很不好吃。只能當藥材使用，可以治療腫毒、風疹、風火牙痛和蟲吃牙等症。用時，只要把芭蕉搗爛、塗於患處，立馬見效。

　　一些小販把芭蕉的果實摘下來，稍微放一放，待其表皮變黃，就放在籃子裏，挎到街上，冒充香蕉向孩子們售賣。懂行的人一看便知，是不會買來當水果吃的。不懂行而又愛貪便宜的人往往上當，買回家一嘗不是味，只好一丟了之。

168. 賣甘蔗

清代有佚名詩人在其作品中讚揚甘蔗，歷經自然風雨造化，甘甜滋潤，有著絕好的品質，並為之寫了一首七律。詩前有短序謂：「時客居桂中，其地盛產蔗，感其繁茂甘潤，惠及眾生。故詠之。詩云：長成有節亦蔥蘢，味與竹君各不同。田野平凡終務實，簫聲優美總憑空。興糖甘讓千機榨，出品何妨一火攻。但願人間無苦海，絲絲甜意祝圓融。」

唐代詩人王維在《櫻桃詩》中也盛讚甘蔗宜食：「飲食不須愁內熱，大官還有蔗漿寒」。

甘蔗是禾本科甘蔗屬植物，原產於熱帶、亞熱帶地區，為我國南方廣為種植。甘蔗物產量高，經濟收益大，是我國製糖的主要原料。而且，甘蔗容易繁殖，只要把苗栽入田中，不久即生根，長出嫩芽，形成叢狀。收割時只收割甘蔗莖，將老根留在地裏，來年，宿根上會重新分枝生莖；因此，種甘蔗一勞永逸。三年後挖去宿根，再重新種植。種植甘蔗的農戶稱為蔗農。大宗的收成是將成捆的甘蔗賣給榨糖廠。如果要多掙點零花錢，就把甘蔗截成段兒，用筐裝到市場上去賣，也可以算是一種水果。

甘蔗還是一種防病健身的良藥。《本草綱目》說它：味甘性寒，可滋補養血，清熱生津，有滋養潤燥之功，可治津液不足、咽喉腫痛、大便乾結、虛熱咳嗽等症。所以，大人很樂於買甘蔗給小孩們吃，不僅因為甜，還能給孩子通便，免得積食。除此之外，大人們說，甘蔗纖維多，叫孩子們吃可以磨牙。牙齒越磨越白，更顯得水靈、精神、可愛。

但是街上賣甘蔗，特別破壞市容，大人也好，孩子們也好，一邊吃一邊吐，一會兒就弄得遍地狼藉。民國時期發布過公告，不准小販上街賣甘蔗。

169. 炒白果

　　王安憶《圍爐夜話》說到炒白果,「在爐上放了鐵鍋,炒夏天曬乾的西瓜子,摻著幾顆大白果。白果的苦香,有一種穿透力,從許多有名或無名的氣息中脫穎而出,帶著點醒世的意思……」。苦香,是白果獨有的特色。

　　白果又叫銀杏核,也叫公孫樹子、鴨腳樹子,是銀杏樹結的種子。它的外型是橢圓的球形,外皮淡黃色,有白粉,剖開之後,露出白色的果實。秋季,當銀杏的葉子全都變黃了的時候,白果也就成熟了。小販把它採下來,除去外皮,稍蒸或略煮後,烘乾收起來,便挑到市場去賣炒白果。

　　賣炒白果的小販挑著的擔子並不大,設備也極其簡單,一個白泥小火爐子,上邊支著一口小鐵鍋,手裏拿著一把鍋鏟。白果裝在擔子另一頭的木桶裏。走到人多的地方,小販把挑子一撂,吹著了泥爐的火,就開始叫賣起來。炒白果是從南方傳來的,小販一邊炒一邊賣,口裏還學著蘇州話唱著:「香—香,糯—糯,銀白果,銅白果,要買的,一個銅板買幾顆。」邊唱邊炒,有聲有色,其情景很能吸引食客,特別是孩子們。畫家孫蘭蓀有一首《竹枝詞》寫賣白果:

　　　　燙手熱白果,一鈿買三顆,會做生意喊兩聲,聯聯絡絡像煞一
　　篇白果賦。白果生自靈眼樹,一名白眼采采無其數。不道樹木之中
　　也有阮步兵,竟多白眼將人侮。

170. 賣柑橘

　　柑橘是國人常食的一種水果，我國也是柑橘的重要原產地之一。而且資源豐富，優良品種繁多，有四千多年的栽培歷史。早在夏朝，中國的江蘇、安徽、江西、湖南、湖北等地生產的柑桔，已列為貢稅之物。《史記・蘇秦傳》記載：「齊必致魚鹽之海，楚必致桔柚之園」，說明楚地的柑桔與齊地的魚鹽生產並重。

　　詩人屈原就曾被橘子的品質所感動，在故里寫下了名傳千古的《桔頌》，以為詠志。他把橘子的質美比作志士仁人的品行的神聖與高潔，從古至今還沒有任何一種水果能享此美譽。

　　李時珍在《本草綱目》中稱：「橘實小，其瓣味微酢，其皮薄而紅，味辛而苦；柑大於橘，其瓣味酢，其皮稍厚而黃，葉辛而甘。」蘇東坡喜食柑橘，他在《贈劉景文》一詩中說：「一年好景君須記，最是橙黃橘綠時」。柑橘上市，也是水果販子的好時節，他們從南果貨棧中躉來鮮貨，忙不迭地拿到市上去賣。有的手提挎籃走街串巷，專向婦孺推銷。新上市的時候，小販不帶秤，而是論個兒賣，這樣做，為的是多掙一些錢鈔。清刊《營業寫真竹枝詞》中有《賣橘子》一首：

　　　　寬皮福桔甜如蜜，福如東海名何告。況復殷紅顏色鮮，寶光勝
　　似硃砂漆。

171. 賣橄欖

　　橄欖別名叫青果，主要出產於我國福建，因果實尚呈青綠色時即可供新鮮食用，因而得名。因為初食的時候，其味苦澀，久嚼以後，生津止渴，香甜可口，餘味無窮。人們比喻其味如忠諫之言，雖聽之逆耳，不是味道，而用心琢磨，於人有益，所以也名諫果。

　　橄欖的品種很多，有檀香、惠圓、長營、三方、羊矢等十餘種。其中檀香橄欖碰牙即碎，清香四溢，食用最佳。橄欖味甘、性涼。能清肺利咽，生津解毒。是一種人們喜食的乾果。

　　城中小販專有在街頭擺攤賣橄欖的，尤其在夏季的傍晚。他的攤檔很獨特，點著一盞昏黃的油燈，一隻木盆傾斜的放著，裏邊堆滿了青橄欖，任君隨意挑選。選出後，不論大小，一律論個售賣。一大枚兩隻，到也不貴，婦孺盡可食之。有的還要沾上一些石灰粉，咀嚼起來，更是餘味無窮。

　　不過，橄欖吃多了能上癮，兩、三天斷了頓兒，會覺得周身不適。而且它對牙齒有腐蝕作用，久而久之，牙齒會變成黑色。

172. 賣雪花梨

清人秦錫田有《周浦塘棹歌》唱《賣生梨》：

　　　　橋頭瓜賣白生梨，皮白莖青味似飴。浪說鎮心能解熱，卻將愛
　　國熱心移。

　　我國產的水果中，以梨的品種最多，如鳳陽梨，黃金梨，豐水梨，水晶梨，長把梨，新高梨，糖梨、煙臺梨、子母梨等等不勝枚舉。其中，尤以周浦白生梨和趙州雪花梨最為可人。

　　周浦白生梨個兒大、肉細，白嫩爽口，是炮製秋梨膏的上好原料。據《本草求原》所載：「秋梨蜜膏」是經宮廷御醫加工演變而成的，始於唐朝。據說，唐武宗李炎患病，終日口乾舌燥，心熱氣促，服了上百種藥物均不見療效，御醫和滿朝文武都束手無策，正在人們焦慮不安之時，一名道士用周浦梨，加蜂蜜及各種中藥配伍熬製成秋梨膏，果然治好了皇帝的病。從此，道士的妙方成了宮中秘方，直到清朝流入民間。

　　史載：趙州御梨「大如拳，甜如蜜，脆如菱」。果實以個大、體圓、皮薄、肉厚、色佳、汁多、味香甜，與趙州橋齊名天下。這種梨可以入藥醫病，有生津、潤燥、清熱解毒，化痰止咳等醫療功效。

　　清人有《竹枝詞》寫《賣生梨》，很是俏麗：

　　　　生梨止咳又清腳，入口津津真有味。此樹無如種類多，有甜有
　　有酸好歹異。

173. 賣山果

賣山果的都是鄉下人，他們衣著不整，挎著一個竹籃子，裏邊裝著從山上摘下來的野果，譬如山梨、山棗、山葡萄、核桃、松仁、酸枝兒、黑棗和成串的山裏紅等等，一邊走一邊粗聲甕氣地吆喝：

剛摘下來的山裏貨，你們誰也沒吃過，沒吃過，沒見過，一個大子能買好幾個。

不一會兒，大人孩子們就圍上來，扯著籃子挑挑揀揀，七嘴八舌地問這問那，好不熱鬧。賣山果的不慌不忙，不僅耐著性兒地一一解答，還順便講一些山裏的故事。什麼老馬猴裝成上山的老太太，刺蝟吃鹽咯嗦起來像老頭兒；什麼「貓頭鷹進宅，無事不來」啦，什麼夜裏走山路，一定會遇上「撞客」啦。孩子們大多聞所未聞，聽起來津津有味，有時候被嚇得毛骨悚然，有時候被逗得哈哈大笑，好不開心。

不一會兒，筐裏的山果就被孩子們搶購一空。其實，不少果子並不好吃，但圖的就是個新鮮、在城裏沒見過。譬如說，酸枝兒，土裏土氣的，如同柴禾一樣，丟在地上都沒人要。可到了孩子們手裏，竟然如同月中瓊枝甘露一般，成了寶貝。其他，如山葡萄、小酸棗更是如逢珍饈。放在兜裏還捨不得吃。

賣山果的不算一個行業，是山裏人農閒時的一個小營生，他們藉此到城裏逛一逛，順便做些小意，換點零錢花。

174. 剝核桃仁

　　核桃是我國著名的「四大乾果」之一，它與扁桃、腰果、榛子齊名，是人們愛吃的果品。核桃在我國各地山區均有出產，由於它飽含油脂、營養豐富，香脆可口，素享「萬歲子」、「長壽果」的美譽。張華著的《博物志》中，就有「張騫使西域，得還胡桃種」的記載，可知它傳自西域，很早就馳名中國了。

　　核桃的藥用價值很高，中醫應用廣泛。醫生認為核桃性溫、味甘、無毒，有健胃、補血、潤肺、養神等功效。《神農本草經》將核桃列為久服輕身益氣、延年益壽的上品。唐代孟詵所著的《食療本草》也有記述，說吃核桃仁可以開胃，通潤血脈，使骨肉細膩。宋代的劉翰他在《開寶本草》中說得更加具體：核桃仁「食之令肥健，潤肌，黑鬚髮，多食利小水，去五痔。」李時珍則說：核桃仁有「補氣養血，潤燥化痰，益命門，處三焦，溫肺潤腸，治虛寒喘咳，腰腳重疼，心腹疝痛，血痢腸風」的功效。

　　吃核桃的好處就不必說了，可是，剝核桃仁卻是件很麻煩的事。核桃皮堅硬無比，必須用更堅硬的東西把它砸開。可是核桃皮很脆，一開裂就四處亂崩，勁頭使得不合適，也會把果仁砸碎，想剝一個完整的核桃仁幾乎是不可能的事兒。清代《營業寫真竹枝詞》寫道：

　　　　胡桃肉、不易剝，有殼有膈肉內縮；碎殼去膈利用敲，敲出乃
　　可果人腹。

175. 賣香瓜

香瓜又稱甘瓜或甜瓜。因為他的味道特別甜，有人稱之為甜瓜，更由於它清香襲人，故而大多人又稱之為香瓜。香瓜是夏令消暑瓜果，他的營養價值可與西瓜媲美。多食香瓜，可以促進人體心臟、肝臟的活動，也促進內分泌和造血的機能。《本草綱目》確認香瓜具有「消暑熱，解煩渴，利小便」的顯著功效。

香瓜屬葫蘆科，一年蔓生植物，明朝開始廣泛種植。到了清代，大江南北的農村田邊地頭、河畔山坡，是處可種。一到秋季香瓜皆熟，一時香飄四溢，處處都漾溢著豐收甜美的氣息。農人不失時機地把新摘下來的香瓜，用筐挑到城裏來賣。城里人也被這誘人的香氣陶醉，紛紛解囊購買，為的是消暑解渴、嘗個新鮮。

時人有《順口溜》唱道：

> 冬瓜北瓜黃瓜鮮，不及新摘香瓜甜。吃上一個解口渴，勝過毛
> 尖和雨前。

176. 賣紅李

　　民間有句俗語說:「桃子飽人杏傷人,李子樹下抬死人。」言外之意是桃子有益於人的身體,李子不可多食,吃多了有損無益。李子屬是薔薇科植物,在我國有較長的栽培歷史。據聞一多先生研究,遠古時期,李子的果實是一種圖騰象徵,在荒年曾經救過部族人的生命,最終發展成一旺族,形成李姓的由來。《本草綱目》稱:李子「苦、香、無毒。令人面澤,去粉滓黑䵟。」《隨息居飲食譜》則說它:「清肝滌熱,活血生津,多食生痰,助濕發瘧痢,脾弱者尤忌之。」也就是說:未熟透的李子不要吃,吃了會鬧腸胃病。

　　我國中州一帶出產一種大紅李,八月份成熟,熟時大如拳,紅如朱。晉傅玄有《李賦》贊其:「潛實內結,豐彩外盈,翠質朱變,形隨運成。清角奏而微酸起,大宮動而和甘生。」李子未熟之時,苦澀不能入口,一旦熟了,卻又存放不住,不多日便會出水糜爛。販賣紅李的小販為了搶這一陣兒的生意,格外地辛苦。他們要在李子變紅之後,馬上售罄,稍有遲慢大意,整筐的紅李就會爛在自己手裏。

　　如圖所繪,這些販紅李的人們正在「挑燈夜戰」,不僅屢屢降價,還向路過的行人不停地大呼小叫,為的是招呼生意。昔人有《竹枝詞》寫他們:

　　　　紅李小販真叫乖,大呼小叫招客來。朝三暮四低價賣,為怕紅
　　顏剎時衰。

177. 賣花生

　　花生，又名落花生、長生果。炒熟後，剝了殼的叫花生米、花生仁；沒去殼、囫圇的叫花生果；乾癟的，叫半空兒。舊日的北京，炒花生米都是包好了在食品店、小酒鋪裏賣，供人零食、下酒。而帶殼的落花生，則多是串街小販背著一個大口袋，左手拿著一柄響鋼，右手操一鐵棍，輕輕一劃，鐵鋼便發出噌噌的響聲，一聽便知是賣花生的來了。遇到買主，他們用瓷碗盛著賣。

　　中國原本不產花生，到了清季，趙學敏所著的《本草綱目拾遺》中，對落花生才有詳細的描寫：花生「蔓生園中，花謝時，中心有絲入地結實，故名之。一房有二三粒，炒食味香美」。他還說：花生是在「康熙初年，僧應元往扶桑覓種寄回。可壓油，今閩省所產以興化（即蒲田）為第一」。這條資料把花生傳入的時間、引進人、試種地點寫得十分仔細。

　　民初馮問田在《丙寅天津竹枝詞》中寫道：

　　　　人參果即落花生，丁氏糖堆久得名；詠物拈來好詩句，東門之
　　栗本天成。

178. 賣半空的

花生的吃法很多。可以生食，也可油炸，也可以炒著吃、煮著吃。從佐餐的佳餚到下酒的小菜，可以說，小小的花生俱是妙品。在諸多吃法中，應該說是以燉著吃最佳。用油煎、炸或用火爆炒，對花生中富含的維生素及其他營養成分破壞性很大。

另外，花生本身含有大量植物油，遇高熱會使花生變為燥熱之性，多食、久食，對體虛火旺的說來，極易生熱上火。因此，從養生保健及口味上綜合評價，還是用水燉為最好。燉出來的花生米具有不溫不火、口感潮潤、入口好爛、易於消化的特點，老少皆宜。

以上說的這些吃法，當然是長得越大、越飽滿的花生越好。但長得小、乾癟的花生米能不能吃呢？長得小而乾癟的花生，俗名叫「半空兒」，能吃，炒熟後還是一口絕妙的小食。儘管它其貌不揚，但食之分外香甜可口，而且價格甚廉。舊日，賣半空的多是在日近黃昏之時，專門串小胡同叫賣：「半空兒來——」，聲音淒啞無奈。金受申先生對這一行，曾有生動的描述，他說，一位住在舊鼓樓的小販，無冬歷夏都穿著一件破長衫，他賣的半空兒最香。

那時候兒童們也沒有什麼小食品，賣「半空兒」的一來，便都急切地圍了上去，吵著要買，大人也就順水推舟，花一大枚銅子兒，能捧回一大堆。一半給孩子們解饞，另一半留給當家的下酒，充個小菜。

179. 賣西瓜

　　一到伏天，西瓜就上市了。黃瓤兒的、白瓤兒的、紅瓤兒的；有籽兒的、無籽兒的；大個兒的、小個兒的，多種多樣，應有盡有。如今，種植技術發達了，優良品種的西瓜越來越普及，西瓜生產打破了季節的限制，一年四季都可以在市場上選購成熟的西瓜。

　　但在舊時，西瓜品種與今日截然不同。出名的只有黑蹦筋兒、大三白、綠花兒皮等幾種。雖說北京以龐各莊、沙河、懷柔等地出產的西瓜最有聲譽，但也多是皮厚、肉綿。特別沙口的，價錢也就貴得多了。而且，面市也就是一個暑季，一過八月節，西瓜就拉秧了。

　　西瓜上市時，小販們從瓜市上躉來貨，在街頭巷尾擺攤售賣。西瓜攤是有講究的，小販用兩條板凳支起兩塊鋪板。板上鋪上一塊藍布，淅上清水，把整個兒的西瓜切成大小相同的三角塊，整齊地擺在藍布上叫賣：「吃來吧──，大塊兒糖。」高級一些的，攤上擺著一隻大盆，有的是大木盆，有的是白鐵皮盆，盆中央放有一大塊從冰窰裏躉來的天然冰，把切好的西瓜，一瓣一瓣地擺在冰上，鎮得冰涼。當然，價錢也就要貴一些。烈日當空之時，此物很受人們歡迎。清代淨香居主人楊米人在《都門竹枝詞》中寫道：

　　　　賣酪人來冷透牙，沿街大塊叫西瓜；晚涼一盞冰梅水，勝似盧同七碗茶。

180. 冰糖葫蘆

　　　　山楂開胃又消食，只恨味酸不好吃。一有飴糖偏覺甜，況復價
廉真買的。山楂顆顆似紅頂，穿成串串成極品。豈是近多賣官買爵
人，紅頂累累賣不盡。

　　這首清人寫冰糖葫蘆《竹枝詞》，用紅山楂比喻清朝官員們簪戴花翎的珊
瑚寶珠的紅纓官帽，沽售不盡，來諷刺賣官鬻爵的腐敗政治，令人捧腹不禁。
這首詩講到山楂的好處，確實也是實實在在的。成串的山楂沾成冰糖葫蘆，晶
瑩可愛，酸甜適口，是老北京的一種傳統吃食。

　　清末敦崇著的《燕京歲時記》中記載：「冰糖葫蘆繫以竹串串起葡萄、山
藥豆、海棠果、山裏紅等，浸在冰砂糖中做成的甜食，柔潤香甜，冬夜食之，
可防瓦斯中毒。」

　　瓦斯即煤氣，吃冰糖葫蘆可以防止中煤氣，其中科學性有多少尚有待研
究。但山楂實有藥用性能。山楂，又名紅果、山裏紅、赤爪子。在植物學中屬
薔薇科，落葉喬木。產於山東、遼寧、河北、河南等山坡地帶。北京的山楂，
則以密雲和燕山山脈出產的最好。酸甜適口，很受人們歡迎。

181. 賣甜秫

清人程兼善的《楓溪櫂歌》中有一首寫甜秫的詩，把南方人喜食甜秫和種植甜秫的事情記述得十分生動：

味如甘蔗老逾甜，分別根稍手揀拈。食秫更誰貪食粟，前場後

圃種如簾。

古代人把糧食分為稻、黍、秫、稷、粟、麻、秔。《考工記》稱：「丹秫蓋有赤白二種。今北地謂高粱之黏者為秫。」也就是說，秫是一種黏高粱，甜秫也是高粱中的品種之一。它可以與高粱一樣食用，但是，蒸出來的飯黏糊糊地不太好吃，但它可以釀酒，用秫子釀出的燒酒，味厚香醇，綿軟濃釅。晉代的陶淵明就喜歡喝用甜秫釀出的酒，他在《和郭主簿》一詩中吟道：「春秫作美酒，酒熟吾自斟。」得意之態，呼之欲出。

甜秫之甜並不在籽實上，而是在它的秸稈上。尤其在甜秫長高，剛剛吐穗的時候，它的秸稈分外地甜，雖然比不上甘蔗，但是也堪與之媲美。所以，不少種秫的農民，往往在夏末秋初，高粱未熟之際，把一些鮮嫩的秫砍下來，截去稍尾，扛到集市上去賣。價錢抵不上甘蔗，但是便宜，與甘蔗有一定的競爭力，故而也頗能賣一氣。趕集的孩子們纏著大人要吃甘蔗，腰裏沒錢的家長就給買些甜秫秸哄他的饞嘴。

182. 賣菱角

　　早在春秋戰國時代，菱角就是江南一帶重要的農作物，種菱、採菱也是一項重要的農事活動。南朝古志《武陵記》記載：「其湖產菱，殼薄肉厚，味特甘香，楚平王嘗採之，有採菱亭。」嘉慶《常德府志》也載有：「府西五里白馬湖，產菱甚美，楚平王嘗採之，築城於湖畔，又有採菱亭。」由此可知，二千餘年前的白馬湖以盛產美味的菱角而聞名遐邇，以致楚國君楚平王特意至此建築了一座「採菱亭」。唐代詩人劉禹錫曾寫有《採菱行》：

　　　　白馬湖平秋日光，紫菱如錦綵鴛翔。蕩舟游女滿中央，採菱不
　　顧馬上郎。

　　菱角是一種水生植物，生長於南方的湖塘裏，藤長葉綠，莖色紫紅，開鮮豔的黃色小花。嫩莖可當菜蔬，果實生雙角，故而俗稱菱角。菱角又稱「水中落花生」，可食，垂生於密葉之下的水中，摘時必須全株倒翻，才能看見。種菱通常在二月育苗，五月底引水入田，移種菱苗。菱角有青色、紅色和紫色之分，皮脆肉美，實是佳果，既可零食，亦可作為糧食之用。還可以把它曬乾，剁成細粒，用來熬粥吃。

　　鮮菱收穫之初，便有小販搶先一步從鄉間薹來，在家中用鍋煮熟，放在保溫的木桶中，急衝衝地跑到街上去賣。一路上還哼著《紅菱小調》，一會兒就引出一群婦孺老小，這個賣十隻，那個揀八個，都要「嘗嘗鮮兒」。

183. 賣芝蔴糖

　　芝蔴糖的做法十分簡單，賣糖的小販可以自己在家熬製。先把熬好的麥芽糖裏兌入適量的豆麵粉，反覆地拍打揉合均勻。經過一天一夜的「耗勁兒」，再把它搓成糖條兒。趁著糖條兒的濕潤，在外邊滾上一層新炒熟的芝蔴。用刀把芝蔴糖條兒均成一段段大小均勻的糖塊兒。待其稍微陰乾時，外邊再滾上薄薄一層豆麵，芝蔴糖就算做完了。然後，放置在蓋板上擱一兩天，外皮兒一硬，就可以端出去賣了。

　　芝蔴糖的最大特點是外硬裏軟，香甜適度，不舔嘴、不沾牙，還不喉人（北方土語：不特別甜的意思）。尤其，外邊有一層新芝蔴，吃到嘴裏，越嚼越香，別有一番清新。據行里人說，這種糖是漢太祖劉邦的太太呂雉夫人的發明。她在楚霸王項羽營中當人質的時候，是在軍營的廚房中充當白案師傅的下手，專管和麵、揉麵，製作麵食和甜食。她在幹活兒的時候，就琢磨出這麼一種糖食的做法。有一次，楚霸王親自巡營，中午就在大營中吃便飯。飯後的甜食，就是呂雉做的這種糖。項羽放在口中一嘗，覺得很是可口，一高興還賜了個名子叫作「江東芝蔴糖」。此外，他還指定廚房成批製作，此後用來充當勞軍的糖果。凡是部隊打了勝仗，大營發放「羊羹美酒」酬軍的時候，「江東芝蔴糖」也要一併發放。

184. 抽籤賣糖

　　舊日，抽籤賣糖是一種專門做小兒生意的小賣買。賣糖的總是用一個簡單的支架，把一個方盤子支在孩子們上課下學必經之路的路旁，或是樹陰下，或是籬笆牆外。方盤上擺著幾方自家熬製的糖，有芝麻砂糖、花生糖，還有南糖、麥芽糖等等。花色有限，價錢也很便宜。但是，賣糖的從來不吆喝，他手裏捧著一個竹筒，筒裏有十幾枚竹籤，時不時地舉起來搖一搖，發出「嘩啦嘩啦」的響聲，能遠得老遠。

　　兒童們一下學就跑來買糖，但是，買糖必須先買竹籤。一大枚銅子兒可賣三支竹籤。付錢以後，小販就開始搖動竹筒，小孩可以從竹筒中隨意抽出三支籤碼兒。籤碼兒如同廟裏的竹籤子一樣，但上邊刻的並不是「上上」、「下下」，而是刻著「有」和「無」兩個字，凡抽得「有」，即可得糖一塊，要什麼糖，可以自己挑；如果抽出來的是「無」字，那就算白抽了，一塊糖也得不到。小販為了吸引小主顧，有時故意讓他抽出三個「有」字來。這樣，不僅能得到三塊糖，還要再獎勵一塊。得糖的小孩歡呼雀躍，好像中了狀元一般。不一會兒，他又會拉來一幫小同學，一起抽籤買糖。但是，很難再有「連中三元」的了。抽籤賣糖與大街上抽籤賣「薰魚兒」的，是同一行生意。你說它是個騙局吧，但是騙也騙不出什麼大名堂來，說它不是騙局吧，可手法畢竟不高明，尤其是賣糖的，與小孩們鬥心眼兒，也真是有點差勁。

185. 賣糖球

　　舊時，我國民間的糖製品十分落後，給孩子們吃的糖果品種更是有限。多是小販在家中自己熬製的糖球、糖塊之屬，拿到街上鬻賣，哄孩子，賺些小錢兒。這行人叫作賣糖球的。

　　他們賣的糖球，是用麥芽糖熬製的，內中加上一些桂花、玫瑰調味。為了豐富品種，在糖稀中再加上花生、芝麻、什錦乾果，就分別製成了花生糖、芝麻糖、蘿蔔糖、青果糖、楊梅糖等等，花色很多，但面目一樣。吃在嘴不算特別甜，但在兒童食品匱乏的時代，也算是奇貨可居了。

　　賣糖球的攤子是用一個扁籮筐，放在條凳上。小販把糖球分成三個一堆、五個一碼，收上一大枚銅子，便由小孩子自去挑選，選好了拿走，放在兜裏慢慢吃。因為裏邊含糖的成份並不多，所以家長盡可放心，再貪吃的小童也吃不出蟲牙來。

　　彼時有兒歌唱道：

　　　　賣糖球的真叫壞，球裏沒糖真不賴；一個大子才三個，轉眼就
　　沒怪不怪。

186. 轉糖攤

　　筆者清楚的記得,在北京上小學的時候,每當下學,在胡同口靠北牆的一側常年擺著一個轉糖攤,一個白鬍子老頭在招呼著小孩子們來玩轉糖。

　　轉糖攤不高,是一個大圓木盤子平放在尺來高的筐子上。木盤上自中心向外畫分著大小不等的許多格子。格子有寬有窄,每個格子裏面分別擺放著各色糖果和小玩物,如洋畫片、橡皮、鉛筆或是糖球等等。當然,還有許多不放東西的空格。盤子中心支著一根木杆,杆上頂著一根橫杆,橫杆一頭是搖把兒,另一頭用線懸垂著一根大鋼針。小孩子花上一分錢就可以轉一次。一搖把手兒,那枚鋼針就隨之轉了起來,眼睜睜看著鋼針停在哪裏,停在哪一個小格子上。若這一個格子中擺著東西,便可把這個東西取走,算是贏了。如果停在空格上,那就自認倒楣,算是輸了。每次花上三、五分錢,都還是有所收穫的,總不至於空手而歸。回憶起來,我從一到三年級,是給轉糖攤送過不少零用錢,但每次轉糖時那種希冀緊張的感覺,至今依然是十分真切和新鮮的。清代嵩山道人有首《竹枝詞》寫得好:

　　　　我的生意不開口,主客走來自動手;針頭轉在條子上,包你吃
　　個糖繡球。

　　轉糖是一種有趣的小生意,在誘發兒童佔有欲的心理活動之際,賺取些小的利潤。而小童們轉糖攤上那根懸針來賺取小吃食、小玩意兒,也是不容易的。轉起的那根懸針,大多是十發九空。

187. 熬梨膏

　　梨膏糖是一種近乎於止咳藥類的滋補品，最早出現於清末江南，賣得十分火爆，但正規的藥鋪裏不賣，只有小攤販在廟會上叫賣。後來，此物也傳入北京，不少有咳嗽痰喘的老人吃了還真管用。

　　秋梨膏是由雪花梨、枇杷和祛痰的中草藥配製加工而成的，《本草求原》中所載的「秋梨蜜膏」指的就是這種梨膏糖。它的配方原本出自宮廷秘方，是由御醫配製、加工，傳至民間而逐步演變而成，成為一種傳統的保健品，流傳至今。

　　熬製梨膏糖要用新上市的枇杷、梨子，還有枇杷葉和蜂蜜、貝母等。熬時，先把枇杷葉用火燎一下，去掉上面的細毛，切碎塊，用水煎，得水的顏色有點發黃，煎的越濃越好。而後，再用一隻鍋，把枇杷，梨切碎，切得越細越好，加水煮爛，然後撈出用紗布過濾，濾掉梨的皮、籽和比較粗糙的渣滓。再按一定比例放入熬好的枇杷葉水，再用小火熬。熬的過程中，讓水分慢慢地蒸發掉。火不能大，要有耐心，看到冒煙少時，就把貝母加入，邊加邊攪拌，攪拌均勻。最後，把蜂蜜倒入，蜂蜜的多少，要依口味而言，不要太甜。然後再不停的攪拌，直到攪拌均勻以後，就可以停火了。熬好的湯汁放在鍋裏，待其自動凝成膏狀，勺入小瓶密封裝好，留著慢慢食用。如果貼上標記，也可以上市出售。

188. 賣梨膏糖

小鑼鐺鐺敲，門外賣糖到。提起喉嚨唱幾聲，阿吃百草好梨膏。

梨膏消痰又止嗽，吃糖還比吃藥酒。賣糖雖然小生意，瞎三話四也
要嘴巴好。

這首《竹枝詞》出自清末宣統年間，寫的是賣梨膏糖的情景。梨膏糖是一
種似半是糖半是藥的膏劑，因為它好吃，而且有治療咳嗽痰喘的功效，所以流
傳很廣。

賣梨膏糖的特別有趣。擺糖的架子像個小戲臺，賣糖人敲著小糖鑼，又唱
又說，叫做「三分賣糖，七分賣唱」。為了讓人們知道梨膏糖所用草藥的功效，
賣梨膏糖的人編了這麼一首歌：

一包冰屑吊梨膏，二用藥味重香料，三（山）楂麥芽能消食，
四君子打小囡癆，五和肉桂都用到，六用人參三七草，七星爐內生
炭火，八卦爐中吊梨膏，九製玫瑰均成品，十全大補共煎熬。

賣糖人一唱，立馬就圍上一群人，只要有人帶頭買，一會兒就能銷出不少。
如今，梨膏糖不再依靠手工製作，梨膏糖的品種也五花八門地多了起來。

雜技

189. 躓跤

　　躓跤是赤手空拳、憑藉技術和力量把對方摔倒在地的一種技藝。這種運動，可以說是先民賴以生存的一種技能。他們在勞動之餘，不分長幼，相搏嬉戲，既鍛鍊了身體，也歡娛了生活。後來，這一運動漸被引入對軍士的訓練，以及比賽和表演的領域中。戰國時代，這項運動稱為角力。《史記》注云：「講武以為戲樂相跨，角其材力以相觝鬥，兩兩相當也。」到了秦代，這項運動也頗為皇室提倡。《史記》中便有秦二世在「甘泉宮作樂，角觝徘優之戲」的記載。其時，這項運動稱為「角觝」。

　　目前所發現的古代繪畫中，例如敦煌莫高窟壁畫、湖北出土的漢代漆畫，都有這一運動的具體描畫。參與運動的人，全身幾乎赤裸，唯有襠下繫有一條短於「犢鼻裙」的丁字大布。其狀與今日的日本相撲無異。《角力記》中記錄了宋代一首《題牆上相撲畫》詩：

　　　　黑漢勾卻白漢頸，白人捉住黑人腰，如人要辨輸贏者，直須牆

　　隤始一交。

　　最終，連民間婦女都練起了相撲，她們比男人更徹底，索性全赤裸地擁抱相搏。宋嘉祐年間元宵節，仁宗召令民間藝人入宮獻藝。婦人裸體躓跤的節目赫然登場。把皇帝和內眷們看得不亦樂乎。唯有司馬光看不下去了，向皇帝上了一道《請停裸體婦人相撲為戲》的本章，要求禁止女子相撲。此文。迄今猶存於《司馬溫公集》之內。

190. 變戲法

　　變戲法，俗稱把戲。現在則叫「幻術」或「魔術」。變戲法有大小之分。吞刀吐火、植瓜種樹、屠人截馬等，這些要有大型道具，多人配合，是大戲法。而一兩個人隨身帶著些小道具，拉開場子就能表演的，如仙人摘豆、金杯入地、連環解套、空碗來臨等，全憑表演者手法巧妙，瞬間幻化，稱為小戲法。

　　這種小把戲，在舊日廟會、鬧肆中隨處可見。個體藝人也常常走街串巷，聚上三五小童和駐足的行人，當場就變，就地收些小錢，清《都門紀略》中，有詠戲法的詩：

　　　　海碗冰盤善掩藏，能拘五鬼話荒唐；偷桃摘豆多靈妙，第一工
　　夫在褲襠。

　　也就是說，變戲法的百般奧妙都是藏在寬大的褲襠之內。這行街頭藝人表演得不論多麼精彩，在舊社會也都被人視為賤業，難登大雅之堂。各種喜壽事、大小堂會皆無緣參與。就是尋常百姓也很少有人將他們叫到家中獻技。因為，這類技藝奇幻的戲法犯忌。主人怕他們手腳不乾淨，皆避而遠之。

191. 蹬技

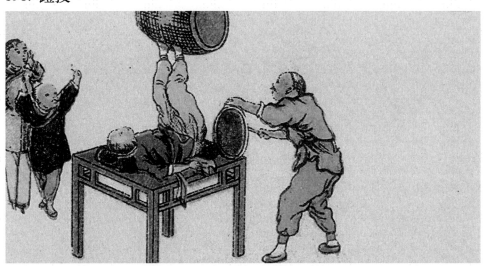

　　蹬技，是雜技表演中的一項傳統節目。藝人仰臥在一張桌子上，臀部墊起，兩足朝天，全憑兩腳蹬轉各種對象，幾乎包羅萬象，從紹興酒罈、磁缸、瓦罐，到桌子椅子、帶響的鑼鼓和絹製的花傘，都能被蹬得飛速旋轉，騰越自如。這種超人的力量和輕捷靈巧技藝相結合的表演形式，是中國傳統雜技的一大特色。

　　出版於上世紀 30 年代的《小足絕技》一書中，就有對舊社會蹬技女藝人鞋子的描寫：「長四寸、寬一寸；前口至尖二寸；深分許厚，尖處內實約五、六分；後面深一寸七分、厚半分；離後合縫寸許，左右各有穿眼二，繫繫帶者。其底與面均銀白色，係用整銅製成。前尖如側面扁錐微鉤，鋒利無比。」

　　民國時期出版的《天橋雜詠》中有楊曼卿先生所作的一首《蹬技》詩，描寫「三寸金蓮頂千斤」的奇特技藝。

　　　　三寸金蓮頂千斤，雲梯蹬罷又缸盆。七歲孩童風輪轉，誰說不
　　是老娘親。

192. 耍盤子

　　耍盤子，也是雜技行中的一種技藝。把盤子底兒用一根細標竿兒支起來，使盤子急速地轉動。盤子隨著舞動的標竿兒，時高時低、時偏時側，身體還要做出各式各樣的動作，如「探海」、「射雁」、「朝天蹬」種種，而轉動的盤子，不停不掉，觀者緊張擔心，舞者從容自若，旁若無人，是一種很有欣賞性的雜技藝術。

　　耍盤子的花樣挺多。清代無名氏畫的《北京民間風俗百圖》稱：「亦可㘈於口內耍之。又有小槍刀、叉子魚等物，亦可浮擺耍之，名曰什錦雜耍。」清季蘭陵憂患生作《京華百二竹枝詞》。生動地繪寫了北京小藝人楊德順的技藝。別看他年紀小，他的本事可不小：

　　　　　一十三齡楊德順，神乎技矣大超群；雙盤戲舞如飛燕，就裏運
　　翻跟斗雲。

　　詩的備註上說，他能「左右手各耍一盤，諸般式樣，變化不窮。更能以跟斗雲上下三層桌凳，手中雙盤，照舊戲耍，真如飛燕掠水之勢，神乎技矣！

193. 耍獅子

清代詩人李聲振在《百戲竹枝詞》中有描寫民間藝人在社火時，舞獅子的場面，招來觀者無數：

毛羽狻猊碧間金，繡球落處舞嶙峋；方山寄語休心悸，皮相原
來不吼人。

耍獅子是一種民間社火賽會當中的表演節目。獅子頭是用竹骨架和漿麻裱糊而成。外飾油漆彩繪，環眼能翻覆，大嘴會啟閉開合，項披銅鈴。舞動起來金毛飄動，銅鉦山響，十分威武雄壯。獅身是用棕麻染色縫製，飾以絡纓、銅飾，造型華美可愛。

舞獅者一般由兩個人裝扮而成，一人在前舉獅頭，一人伏於身後舞獅尾。此外，還有一人手擎彩球，依鑼鼓的節奏舞蹈，逗引著獅子做出各種動作。如雙獅戲彩、一怒衝天，單足戲水、雙足過江，在鼓樂隊的敲擊下，雙方配合得當，煞是好看。耍獅子雖是群眾娛樂，但沒有受過專門訓練的人是演不了獅子的。舞獅作為一個行當，特設有獅子會的組織，一般都是在逢年過節，趕場走會，爭強鬥勝。或若買賣開張，行會慶典，也應邀表演，收取一定的報酬，做為會裡的日常支出度用。

194. 耍猴兒

　　耍猴兒，屬獸戲類的一種。舞獅、舞駝，源自西域；舞象、舞蛇、耍猴則源自古代的印度。近日讀《禮記》，發現上面有段猴戲的記載。魏文侯好古，本想靜下心來多聽聽雅樂，陶冶性情。孰料，他聽著聽著即覺得枯燥乏味，昏昏欲睡。後來，他聽了一些剛從外國輸進的音樂，因為節奏歡快，新奇悅耳，馬上就沉溺其中不可自拔矣。接著，他又看了一場由侏儒表演的猴戲，立刻精神大振，興奮得不得了。孔子的弟子子夏在一旁搖頭歎息，感慨老師的那些不世治國之學，竟與雅樂一樣遭受遺棄，心中十分憤懣。從此，鄭衛的靡靡之音泛濫天下，而雅樂則日漸衰微。自此，耍猴已在宮廷大肆表演起來。

　　由於猴兒小巧靈活，易養易馴，所以很快傳入民間，成為一種大眾娛樂。

　　明季出版的《西遊記》，關於孫悟空的故事家喻戶曉、婦孺皆知，給猴子增加了很多色彩，也豐富了耍猴子的表演內容。例如，猴戲中都有帶上烏紗帽，騎著小狗跑圓圈的情節。這就是取自「美猴王敕封弼馬瘟」的一章。其他，如猴子舞動刀槍，自然是「大鬧天宮」、「真假美猴王」之類的情節了。耍猴的人連說帶唱，更能招來觀眾。

195. 頂技

中國雜技大約在新石器時代就已經萌芽，秦統一中國後，吸收各國角抵的優點，形成了一種娛樂性的雜技節目。

用頭頂、鼻尖、下頦頂東西表演的技藝，也是雜技行當中的一個分支。頂功要求有過硬的腰功、腿功、倒立和跟斗基本功。唐朝的教坊中，將頂技視為藝人的基本功，需時時練習，不可中輟。《類說、教坊記》，描寫當時有名的擊鼓藝人呂元真打鼓時，頭上要頂一隻水碗。曲終而水不傾動，眾推真能定頭項。到了明代以後，頂技成為民間社火，走會、迎神賽會、盂蘭盆節中不可或缺的演出項目。而且，所頂項目也並非只有盆碗之屬。壇、罐、瓷缸，皆能頂耍。李聲振《百戲竹枝詞》有詩云：

> 脫手如丸巧莫當，垂垂瓶缽九衡旁；壺公北市應相識，誰是騎
> 龍費長房。

頂技藝人還能在頭上頂一兒童，穿著紅肚兜表演「金雞獨立」和「哪吒探海」等高難動作。這在明代無名氏的《南都繁會圖》中畫得異常生動。到了清代，走會中有「耍中幡」一項，即在十餘米高的高杆上置華蓋、墜銅鈴、飾彩綴纓，達數十斤重的大幡。藝者不僅用手、膀臂、肩、項，翻飛耍動。而且還用頭頂，顛轉、搖動。技藝之高，歎為觀止。

196. 耍猴女

十二三年就試期；五湖煙月奈相違。何如學取孫供奉，一笑君
王便著緋。

以上這首詩原題《感弄猴人賜朱紱》是唐代詩人羅隱所作。羅隱是唐末文
學家。少時即負盛名。但因其詩文好抨擊時政，譏諷公卿，故十舉進士不第，
乃改名隱。有詩集《甲乙集》十卷傳世。此詩也是借題發揮，以「沐猴而冠」，
感慨讀書人不如猴子的酸楚命運。

清代富察敦崇《燕京歲時記》：「耍猴兒者，木箱之內藏有羽帽烏紗，猴手
自啟箱，戴而坐之，儼如官之排衙。猴人口唱俚歌，抑揚可聽，古稱『沐猴而
冠』，殆指此也。」

以前在各種資料中所見到的耍猴人都是男性，他們走南闖北，跑碼頭，闖
江湖，不知昏曉。從未見過有婦女幹這一行的。這枚發行於晚清的煙畫，卻描
繪了一位中年婦人以耍猴兒為業。看她頭束袱巾，足下金蓮三寸。小猴子專注
地模仿著女主人的神態模樣，做出東施效顰之狀，逗得女觀眾們捧腹歡笑。這
幀圖畫的可貴之處，在於它從另一個角度證明了，清代婦女在從業方面的又一
新的領域。

197. 耍叉

耍叉耍叉嘩啦啦，叉頭濫滾人害怕；越害怕來越想看，越想看來越害怕。

這是早年間哄孩子時的一首《小兒語》，其實，耍叉是舊社會撂地賣藝的一種技藝。一柄齊眉高的三尖鋼叉有十多斤重，在藝人手上、臂上、肩上、肘上、乃至胸、腹、腰、背，上下翻飛。時而將飛鋼騰空踢起，再用後背或脖子接住，挑翅、手串、回翅、戲水，舞出多種驚險的姿勢。有的叉頭墜有銅環，耍起來嘩嘩作響，十分引人注目。一套玩意兒耍畢，藝人收叉，開始斂錢。兩齒鋼叉原本是一種捕魚打獵用的工具，《水滸傳》中，阮小三、阮小五用的就是這種玩意兒，動不動性子一上來，就用鋼叉來玩命。後來，藝人又發明了三齒和多齒鋼叉，使起來就更加厲害了。藝人們舞動的鋼叉，是經過誇張美術化了的表演道具，並不能在生活和戰場上實用。

這種技藝起源於民間社火，在各路表演隊伍遊街時，丁勇們就用鋼叉在前邊開路，為的是驅開看熱鬧的百姓。使高蹺、旱船、獅子會、龍燈會、太平鼓、吵子會等順利行進，讓出一條道路。特意設計這麼一個表演形式，既熱鬧火爆，又能讓看客們遠遠避之。名為「逢山開路，遇水搭橋」。後來，便形成了民間自發的「吉祥開路哥佬會」。

198. 賣武藝

　　清代畫家孫蘭蓀有《貿易竹枝詞》，描寫民間賣武藝這一行人的生活。

　　　　江湖拳頭賣一套，人人都贊工夫到。慣家看見笑哈哈，記記欺
　　人哪算好。拳法當年出少林，內堂外堂工最深。而今久已真傳少，
　　怎向江湖賣技尋。

　　「耍把式」是一種民間武術藝人的稱謂，也叫賣武藝、賣把式。這一行人
或三五成群，或兩人為夥，隨身攜帶刀槍把子，口稱武林世家。每到一處熱鬧
場所，握拳打拱，拉開場子就練了起來。刀、槍、劍、戟、查拳、武當拳、六
合刀、五虎棍，練完收錢，社會上謔之為「把式」，就是說他們花拳繡腿、花
花架子，並沒有什麼真本事。

　　幹這一行的人，一般都是父一輩子一輩相傳世襲。他們是練武的出身，流
民的行徑，仗著薄技在身，走南闖北，四海為家。從他們所表演的工夫來看，
有弓箭、刀石。這都是舊日考武舉的功課。甲午戰敗後，皇帝下詔廢除了武場。
習武之人仕途路斷，以武功謀業者只能充當警衛、保鏢，或是去看家護院，再
不濟便去扛大個兒、幹些力氣活兒了。打把式賣藝趕廟會，也是習武之人掙錢
養家的一條出路。

歌舞

199. 蓮花落

　　蓮花落是北方民間曲種之一，唐宋時期已初步形成，名為「蓮花樂」。《續傳燈錄》一書，有聞丐者唱「蓮花樂」之語。元代以後，民間多稱為「蓮花落」，俗稱「落子」清代張燾《津門雜記》記有：「北方之唱蓮花落者，謂之落子。即如南之花鼓戲也」。蓮花落的曲調源於唐五代時的「散花樂」最初是僧侶雲遊募化時，誦唱的宣傳佛教教義的警世歌曲。後來，大量僧侶因朝廷禁佛而被迫還俗，遂將此曲傳入民間。唱「蓮花落」的便屬「吃開口飯的」一行。實際上，江湖將其劃到「響乞」一行之中。所謂「響乞」就是以說唱的形式行乞的乞丐。

　　蓮花落這種曲調的得名，是因為每唱一段曲後，都加上一句「一朵蓮花一朵梅花，蓮花落來唏」。唱詞的內容多為勸世賢文，吉祥故事，以揚善懲惡、吉祥納福為主，用地方方言說唱，委婉動人、通俗易懂。而且生動風趣，具有寓教於樂、淳化民風的功能。很為時人歡迎。

　　唱蓮花落的分盲人唱，還是全活人唱。盲人唱就叫「光子蓮花落」。起先，盲人演唱大都是兩人一伍，一唱一幫腔，各人手中執一常青樹枝，上綴許多紅色紙花，用於搖動，嗦嗦冶作響。助打節拍節。而全活人唱，則有身段動作。後來發展成有胡琴、板鼓伴奏。

200. 打花鼓

　　打花鼓，又名雙條鼓，也叫鳳陽花鼓，它是北方民間的一種載歌載舞的表演形式。藝人多是鄉間婦女，或姑嫂結對，或夫婦搭檔，一起走鄉串鎮，聚上三五個聽眾，便就地唱起來。女人打腰鼓，男人或小姑打鑼，間以插科打諢，活潑生動，深受平民百姓喜愛。有歌唱道：

　　　　左手鑼，右手鼓，手拿鑼鼓來唱歌，別的歌兒我也不會唱，單
　　會唱一支鳳陽歌。

　　鳳陽花鼓形成於明代，主要分布在鳳陽燃燈小溪河一帶。由於這一帶自然環境不好，是個「三年惡水三年旱，三年蝗蟲災不斷」的長年災區。每年秋後，該地的婦女們都成群結隊地外出賣唱乞討。便逐漸成了身背花鼓賣唱的職業藝人。清人趙翼在「陔餘叢考」中寫有「鳳陽乞者」一文說道：「江南諸郡，每歲冬必有鳳陽人來，老幼男婦、成行逐隊，散入村落間乞食。至明春二三月間始回。」在她們所唱的歌曲中，最著名的一首是「鳳陽歌」。歌中唱道：

　　　　說鳳陽，道鳳陽，鳳陽本是好地方。自從出了朱皇帝，十年倒
　　有九年荒。大戶人家賣田地，小戶人家賣兒郎。奴家沒有兒郎賣，
　　肩背花鼓走四方。

201. 打霸王鞭

　　所謂霸王鞭，也叫打連廂。是一根三尺多長的竹竿，兩端各有掏空的一對對孔眼，每個孔眼內都鑲有一對銅錢。傳說，楚霸王項羽在戲馬臺前馴馬所用的竹鞭，樣式與此相近，故而得名。

　　藝人用此鞭有節奏地擊節身體的不同部位，演唱歌曲故事，載歌載舞，娛己娛人，可聽可賞，活潑有趣。明清時期，在農村荒災時節，鳳陽、河北地區的女人們便結隊外出打霸王鞭，是作歌行乞的一種手段。

　　《側帽餘談》記載：連廂者（霸王鞭），「范銅為幹，約二尺許，空其中，綴以環，雜劇有《打連廂》即此。蓋一二雛伶喬扮好女郎，執檀板，且歌且拍」。最著名的一首依然是《鳳陽歌》，歌的後邊加上「咚啪囉咚嗆、咚啪囉咚嗆少的伴唱，成為南北傳唱的俚歌。

　　清代詩人李聲振著《百戲竹枝詞》，其中有「打霸王鞭」一首：

　　　　窄樣春衫稱細腰，蔚藍首帕髻雲飄；霸王鞭舞金錢落，惱亂徐

　　州疊金橋。

　　近代霸王鞭做得更具匠心，除了在竹竿上穿銅錢外，還在竹竿兩端安上彩色鞭穗，有用麻製的，也有用紅綢、絲線製作的。舞動起來，不僅可以聽到銅錢撞擊的嘩嘩響聲，更可以欣賞彩穗飛舞的熱鬧場景。

說唱

202. 唱漁鼓

漁鼓，又稱道筒。是流行於湖廣一帶的說唱曲藝。明代王圻《三才圖會》載：「漁鼓，裁竹為箭，長三、四尺，以皮冒其首，皮用豬脊上之最薄者，用兩指擊之。又有簡子，以竹為之，長二尺許，闊四五分，厚半之，其末俱略外反。歌時用二片合擊之以和者也」。

藝人演奏時，左手豎抱漁鼓，右手擊拍鼓面。指法有「擊」、「滾」、「抹」、「彈」等不同的技巧。配以演唱，節奏明快，聲音清爽，地方特色鮮明，唱詞結構嚴謹，文字通俗，語言活潑，清越好聽，素為群眾喜聞樂見。

漁鼓歷史悠久，可以上溯至唐代的「道情」，也就是道士們傳道化募時，敘述道家故事和道家之情。後來道情為民間藝人習用，改唱了民間故事和神話傳說。清代，唱漁鼓的藝人已流落成乞丐一行。

清人吳索園在《揚州消夏竹枝詞》中描述女伴在月下乘涼，聽瞎子先生唱道情的情景：

> 月影西斜夜氣清，乘涼女伴坐深更。張生不至紅娘惱，瞎子先生唱道情。

203. 來一段

　　京劇是國粹，也是影響最廣的一大劇種，它不僅深受國內觀眾的喜愛，也深深吸引著海外的觀眾。京劇的前身是清初流行於江南地區，以唱腔、高撥子、二黃的徽班為主，並與其他劇種交流滲透，而逐步自成一格。唱、念、做、打表演體系逐步完善。到了清光緒二年（1876），《申報》上首次出現了「京劇」二字，從此京劇之名始為確立。加之慈禧太后、光緒皇帝愛聽戲，一味提倡，京、津、滬諸大城市戲樓、茶樓林立，日夜輪番上演著各種劇目。京劇一時如日中天，聽者驅之如鶩。

　　有錢的人可以到園子裏去看戲，沒錢的，可以聽清音桌的「散段兒」清唱。這一行人，大多是戲曲行中的門裏出身，或科班內行，沒有唱紅，又無它技，一般是二人搭檔，一為唱手，另一位拉胡琴為之伴奏，走街串巷為愛聽戲的人唱一唱。兩個人，一把胡琴，唱不了全齣，就只能唱些零星散段。比如，學唱譚鑫培老闆的《四郎探母》、劉鴻聲的《逍遙津》、程大老闆的《文昭關》等。所以，這一行的外號叫做「來一段」。要麼，為愛唱戲的票友拉上兩段，遛遛嗓子。清人淨香主人楊米人在《都市竹枝詞》中描寫了這行人。

　　　　半膘無事撞街頭，三五成群逐隊遊，天樂館中瞧雜耍，明朝又去廣和樓。

204. 唱書

　　清代詩人李虹若在《都門雜詠》中寫有《唱書》這一行:

　　　　彈弦打鼓走街坊,小唱閒書急口章。若遇春秋消永晝,勝他蕩
落女紅妝。

　　鼓書的演唱形式形成得很早,明代文獻中就有了鼓書的雛型。它的唱腔結構源於民間音樂及地方小調,並用當地方言語音演唱。因為演出形式簡單,在廣場樹蔭、瓜棚豆架之下,支起鼓來就可以開場,為廣大群眾喜聞樂見。所以,普及得極為廣泛。

　　清代,民間出現了不少唱書的夫妻檔。正如上圖所繪,如實地反映了一對夫妻在街頭演唱的情況。左邊一人踞凳操琴,右邊一人檀板擊節,專心致志、神色坦然,倒也別有情趣。聽是什麼曲子哪?一般是《王二姐思夫》《摔鏡架》《小寡婦上墳》《大劈棺》等。如果是唱長篇的大書,比如《紅樓夢》《水滸傳》《施公案》,一般得與聽主兒事先說好價錢。因為一天唱不完,得連唱好幾天,那麼,這幾天的唱書地點、聽客的多少,都需事先說明。然後付定金,方能演唱。這也是幹這一行的規矩。

205. 三棒鼓

　　三棒鼓是清末民初時的一種曲藝形式，又稱為花棒鼓，藝人所敲擊的鼓不大，三寸多高，尺二來寬。是用三足支架架起，與京韻大鼓所用的平鼓相同。擊鼓的藝人是用三根鼓槌子輪流拋起，再接著擊敲，總有一槌被拋在空中，頗有雜技的味道。但擊打起來鏗鏘有聲，節奏分明，間以小鑼伴奏，藝人演唱，殊有特色，很為時人歡迎。

　　宋代《古杭雜記》一書中，就描寫一位和尚表演花棒鼓時的情景：「花鼓棒者，謂每舉法樂，則一僧三、四鼓棒在手，輪轉拋弄，諸婦人競觀之為樂。」明田藝蘅《留青日箚》亦稱：「今吳越婦女用三棒上下擊鼓，謂之三棒鼓，江北鳳陽男子尤善，即唐三杖鼓也。咸通中王文舉弄三杖鼓，打撩萬不失一是也。杖音與歌聲句拍附和為節，又能夾一刀弄之。」

　　清人李調元在《弄譜百詠》中寫的一首詩竹枝詞。謂「吳姬越女淡娥眉，舞棒如花最解頤。漫撥輕撩俱不落，愛人尤在夾刀時」。詩中也談到「夾刀」。是指藝人在歌唱時，鼓聲停頓時，空中一鼓槌接住後，當夾在姆指和食指中間不用，即左手持雙槌，謂之夾刀。

影戲

206. 洋人照相

清代詩人吳士鑒在《清宮詞選》中寫有一首《慈禧照相》，十分生動有趣，特引於下，供大家欣賞：

垂簾餘暇參禪寂，妙相莊嚴入畫圖；一自善財成異寵，都將老佛當嵩呼。

十九世紀末葉，歐洲發明了照相機，第一位將它購回並貢獻給大請皇宮使用的中國人，是大清國駐德公使裕庚公爵。他的女兒德齡公主在《御香縹緲錄》一書用了很大篇幅，描寫他的哥哥勳齡，多次為慈禧皇太后、皇帝、皇后及王宮大臣們照像和沖洗照片的情形。迄今，在舊書攤、古董店裏流傳的一些清宮舊照，不少均出自勳齡之手。

十九世紀末葉，上海租界內就有了洋人開設的照相館了。除了為西人服務外，也為華人縉紳商賈、士子名流拍照。洋人照相館內雇有中國服務生，為的是方便生意、招待中國客人。但是，這些服務生只能打下手、幹雜務，攝影和洗印技術是不讓他們參與的。

207. 照相館

　　十九世紀末葉，德國萊卡公司生產的照像機進入了中國，先是皇家使用，很快就傳入了民間。除了洋人開辦的照像館外，很快中國人也開起了自己的照相館。根據專家考證，北京最早的一家照相館，是光緒皇帝的茹夫人珍妃在東華門外禦河河沿開辦的。這間照相館的設備是德國的，而攝影師、打雜的都是中國人。後來由於太監告密，慈禧太后大怒，當眾杖責了珍妃，並把她打入了冷宮。以至最終失去了性命。

　　另有一個開照相館的富戶，名叫任景豐，他在琉璃廠土地祠內創辦了豐泰照相館。先是用高薪聘請了一位洋人技師負責攝影和洗印，又指派了他的一個親信充當洋技師的助手。這位助手明著殷勤侍候洋技師的生活起居，但私下裏處處留心，偷著學習攝影技術，偷竊洗印配方。很快就把手藝連偷帶學的弄到手，當他可以獨當一面的時候，任景豐便借故辭掉了這位洋技師，獨家經營的國人照相館就這樣幹起來了，生意還相當火爆。清代詩人蘭陵憂患生作《京華百二竹枝詞》寫道：

　　　　明鏡中嵌半身像，門前高掛任人觀；各家都有當行物，花界名
　　流大老倌。

208. 西洋鏡

西洋鏡又稱西洋景，是舊日遊藝場中可以觀看的一種玩意兒，筆者兒時在廟會上也曾看過多次，不過沒有過分的激動。這種西洋景，原是畫在畫布或畫板上的大圖片，一般是十二張到二十張為一套，由小販在箱子外邊，一邊唱歌，一邊拉扯提繩操縱換片。這種很原始的遊藝節目，在人們視野尚不開闊、影視技術也不發達的時代，還是有一定號召力的。

西洋鏡從西方傳來，時間應是在清季道光初年，始於廣州沙面，後逐步向內地推廣開來。喜人之處，一是它率先運用了光學原理，在望孔處加上一塊透鏡，使目光集中，所看到的畫片分外光鮮明亮。二是所畫的圖片，是採用西洋的交點透視法畫出的，發揮了近大遠小，近精遠略的道理。完全有別於中國的傳統畫法袁使景物全然一新。而且圖中內容以域外風光為主，比如「羅馬大道」「海德公園」「比薩斜塔」「大金字塔」等等。後來，漸漸中式化，諸如「沙面風光」「上海外灘」「天津四馬路」等等，盡入圖畫中。國人觀之，嘖嘖稱奇，讚不絕口。清人徐乾寫有《西洋景致》一詩：

乾坤萬古一壺冰，水影天光總畫圖；今夜休疑雙鏡裏，從來春色在虛無。

209. 耍骨骨丟

清人李聲振在《百戲竹枝詞》中寫有《耍骨骨丟》一詩：

　　　　小戲開場獨腳班，骨丟誰識巧機關，一身妙盡絲兼肉，妒殺壕
州十不閒。

「骨骨丟」是老北京人對木偶戲的一種俗稱，木偶也叫偶人、傀儡，是用
木頭雕製而成的小人。由人來操作表演各種故事和戲文。木偶的種類很多，有
杖頭木偶、提線木偶、布袋木偶種種不一。「骨骨丟」是一種小型的布袋木偶。
木製的偶人頭，頂在藝人的食指上，拇指和中指分別套上偶人的左右手，用手
指的表演就能使偶人做出各式各樣的動作。表演者藏身於大布袋裏，口中吹著
小哨，模仿著不同人物的聲音，一臺小戲就能開場了。戲有八大齣，如：《香
山還願》《鍘美案》《高老莊》《五鬼捉劉氏》《武大郎乍屍》《賣豆腐》《五小兒
打虎》《李翠蓮》等。

這行藝人都是鄉間農人的打扮，肩上挑著一副擔子，前面是一個小戲臺。
臺下圍著一圈兒藍布圍幔，後邊是一架木提盒，盒裏放著各種「骨骨丟」和各
種小道具。手中銅鑼一敲，孩子們就從各家各院中跑了出來。藝人就用扁擔把
小戲臺支起來往牆上一靠就唱了起來。但是一收錢，孩子們就全跑了。

樂器

210. 賣洞簫

春秋時代，楚國伍子胥一家為奸佞所害，全家三百餘口盡斬棄市。伍子胥逃出昭關，流落吳國，無以為生。遂吹簫吳市，乞訪明主。後來，果真得到吳王姬光的賞識，子胥舉薦了義士專諸，在酒席宴上，用魚藏劍刺死了姬僚。遂借得精兵十萬殺回楚國，為全家洗冤報仇。後世，所有賣簫的都把伍子胥稱為這一行的祖師爺。

簫，又名洞簫，單管，豎吹，是一件非常古老的樂器。它是由竹子製成，上端有一吹孔，按音孔分為前五後一。洞簫是一種充滿詩情畫意的樂器。在古代的詩詞繪畫中處處可見它的身影。詩人龔自珍說：「狂來舞劍，怨去吹簫，兩樣銷魂味」。可見，簫是一種抒發幽怨情感的妙品。蘇東坡描寫它的聲音永遠是「嗚嗚然，如怨、如慕、如泣、如訴，餘音嫋嫋，不絕如縷，舞幽壑之潛蛟，泣孤舟之嫠婦，使人聞之愀然。」

賣洞簫的人不論有沒有文化，多通宮商。而且自命清高，與眾不同。賣簫人從不吆喝張揚，只是吹簫過市，頗有伍子胥入吳之態。遇到買簫的人上前搭話，有意選簫的時候，賣簫的人也神情蕭穆，如同俞伯牙秋山逢子期一般，態度十分誠懇。以知音相對。問到價錢高低，皆可相就。古風莞爾，十分有趣。時人有詩讚道：

洞簫聲存君子風，嗚咽能辨濁與清；世上無錢買高潔，一支斑
竹寄丹青。

211. 班鼓

　　戲班子裏所用的班鼓，京劇叫它單皮。這種鼓一尺見圓，兩寸多高，中間有個一寸半圓的小鼓心。用槌子一擊，清脆作響，它是樂隊文武場中的總指揮。是打鼓佬的專用家什，一般人是不能隨便碰的。

　　班鼓鼓面的蒙製是十分不容易的，要用特殊的技術才能製作。買一隻好板鼓，要向作坊中的班鼓師傅訂製。單皮鼓要求聲音清、脆、「打遠兒」、「響堂」，必需選用鞣製得當的上好皮革，「捂熟」後，蒙在鼓槽子上，四周穿上皮筋條子。再穿上棗木短棒，用力加拈搏絞。絞完一面再絞另一面，在保證著力勻稱的情況下，循序推進，逐漸加力，使皮面兒漸漸漲開。如此逐日加拈，逐日加力，直到「火候」停當，皮子「燥透」，再用大頭皮釘一個挨一個地沿著鼓槽，密密實實地釘牢。經過風乾「煞勁」之後，班鼓才算製成。

　　清人孫蘭蓀在《貿易竹枝詞》寫了這一行，刊於《圖畫日報》上。

　　　　班鼓聲音尖而俏，板得越緊音越妙。鑼鼓之中鼓領頭，銷場無
　　怪非凡好。清聲金石自天然，入耳恍從空谷傳。只想世間好物難長
　　久，牛皮板鼓後來穿。

212. 小堂茗

　　小堂茗是南方的叫法，是指民間小樂隊。這一行也有叫文場的，也叫吹打的。

　　民間遇有紅白喜事，或是結婚娶媳婦，或是死人發喪，都講究要有個「動靜」。這個「動靜」是依照辦事家的財力，可大可小地操辦。目的只有一個，為的是廣泛地通報一下，讓街坊四鄰、本村什戶的男女老少都知道，他的家中有事情發生了。積習成俗，最終歸結到先祖遺制的「禮樂」制度中去了。逢大事，吹吹打打熱鬧一番。這樣，小堂茗這一行就出現了。以樂器助情性源之甚古，先民興極，可用土疙瘩「擊壤」，或「鼓盆」充當樂器。後來，斬青竹為簫管，理絲筋為琴弦，搏土製塤、燒坏製缶，到了能夠鑄銅的時候，編鐘、排磬、箜篌、鐸鈴，各種樂器也就相繼發明了出來。樂器豐富了，合奏的樂曲和演奏的規模也就出現了。宮廷王室的大典盛東，可讓孔老夫子「聞之，三月不知肉味」。而民間亦不堪寂寞，社火樂事也在不間斷地流行。小堂茗一般由七八個人組成，笙、簫、鐃、鈸、板鼓、嗩吶和三弦、二胡、琵琶齊全，專門應承市井百姓的婚嫁、生子、洗三、百日、壽事、喪事中的樂事，是民間不可缺少的組成部分。清人有《竹枝詞》云：

　　　　絲竹弦鼓清音桌，吹拉彈唱琴瑟和；紅白喜事不可少，作場走票響婆娑。

玩具

213. 賣彈弓

　　弓弩是一種遠射兵器，在我國出現得也很早。古代戰爭中，秦國軍隊的步兵編制中都有弓弩箭隊配合。《三國演義》中，周瑜向諸葛亮請教：「自古水戰，何物當先？」諸葛毫不猶豫地回答：「自然以弓箭當先。」「那好。」周公瑾正好拜託諸葛亮監造十萬支「狼牙」，而且三日就得完成任務。

　　漢代的李廣也不含糊，他的箭能「百步穿楊」，為此贏得了「飛將軍」的榮耀。大清是以武力入主中原的，刀、槍、騎、射，本是八旗兵勇開基立業的本事。但是，隨著江山的穩定，貪享安樂之風陡起，「刀槍入庫、馬放南山」，八旗子弟都會提籠架鳥，弓箭已變成賣藝人的傢什和兒童的玩物了。舊時的廟會中都有賣彈弓的攤鋪。以下這首《竹枝詞》乃是孫蘭蓀所寫，刊於《圖畫日報》之上。

　　　　歷朝武備尚弓箭，百步穿楊將技練。近來火器日精明，硬弩強
　　　弓藏不見。只有彈弓世尚珍，製成猶可賣與人。只為彈丸脫手如槍
　　　子，既堪打獵又防身。

214. 黏知了

　　唐朝駱賓王在獄中寫了一首「詠蟬」詩，用蟬的鳴叫比喻自身的高潔，一直傳詠至今。蟬的叫聲，發出「知了、知了」之聲，因而得了個知了的俗名。

　　舊時，城市古老的街道種滿桐樹、楊樹，每到夏天，樹上爬滿了知了，一叫起來，萬蟬齊名、震耳欲聾。此時就有人提著個籠子，手裏擎著個長竹竿，竹竿上黏著一點桃膠，來到街頭的大樹下，輕手輕腳地仰著頭，循聲搜尋著樹枝上的知了。一旦發現，便將手裏的竹竿小心翼翼地伸過去，就在竹竿的梢頭接近蟬的一瞬間，猛地一使勁兒，就把桃膠按在知了的身上，將蟬黏了下來。

　　而後，他把知了拿下來仔細地端詳，如果完好無損，就放在自己的小籠子裏，拿到小市上去賣。如果發現黏下來的知了有殘損，譬如掉了腿爪，破了翅膀，就隨手送給那些圍觀的孩子們當玩具玩。然後，再去尋找下一個目標。如果黏到剛蛻了皮的知了，也像得了寶貝一樣收起來，說是回家可以炒菜下酒。如果收集到了蟬蛻，就一一攢起來，待收集多了，就賣給中藥店，換錢貼補家用。《全唐詩》中盧殷的《捕蟬》詩一首：

　　　　深藏高柳背斜暉，能軫孤愁感昔圍。猶畏旅人頭不白，再三移
　　樹帶聲飛。

215. 賣耍活的

近代詩人蔣詩所輯《首都雜詠》中有《賣耍活》詩一首：

　　　　一陣鑼聲巷位敲，紛紛兒女各爭瞧；近來玩具投時好，也有飛機和剌刀。

什麼叫「耍活」呢？「耍活」就是專供兒童玩耍的小玩具，如各色小泥人、小兔兒爺、小風車、小風箏、紙糊的小耗子、竹節兒削的小長蟲、木頭做的「叭噠嘴兒」、「咕咕丟」等等，還有一種用紙漿壓出來的人的假臉，上邊用筆勾畫出京劇人物的小花臉兒。都是招孩子們喜歡的東西。

在民風淳樸、平民經濟不寬裕的情況下，以上所說的這幾樣玩具，物美價廉，大人花不了幾個銅板，賣回去可以哄著孩子玩好幾天，所以，不乏銷路。

賣耍活的小販一般自己都會製做這些玩意兒，多少也算是一門手意，自己做不來的，則從花市等地的小作坊中躉來，或擺在攤子上，或是插在肩上扛著的草把子上。從遠處一看，到也花枝招展地招搖過市。

做這類小賣買的都是鄉鎮間的窮漢，本錢用的小，取的利也薄之又薄。一天下來，掙的錢也就夠買張大餅的。

216. 賣小金魚

　　賣小金魚的是一個正經八板的行當，講究飼養技術，人稱魚把式。在清代，有錢的人家豢養寵物中，最貴的是寶馬良駒，其次就屬金魚了。金魚的地位要比嬌貓愛犬高上一等。昔日大宅門四合院的中央，都講究擺放幾座大魚缸，內聚珍品金魚，價值連城。時人把「天棚魚缸石榴樹，先生肥狗胖丫頭」當成比闊鬥富的一種象徵。在魚把式的精心侍弄之下，金魚的品種很多，依頭形來分，有虎頭、獅頭、鵝頭：高頭、帽子和蛤蟆頭之別。若依魚的眼式來分，則有龍眼、朝天眼和水泡眼之別。此外，還有絨球、珍珠、紫冠等多種變種。當然，以上說的是侍弄高級金魚。一般小門小戶就沒有這麼排場。但在廳堂居室的案杌上，擺上一隻魚缸，點綴幾尾金魚、幾株水草，也會增添無盡生趣。再不濟的弄隻小魚缸，放入兩隻小草魚，幾隻小蝌蚪，也是孩子們樂此不疲的玩意兒。

　　走街串巷賣小金魚的，掙的就是這種錢。他們挑著水槽子賣的通常是草魚。一個大子兒買兩條，有時也帶上幾條龍睛魚，不過。價錢可就貴多了。本身也不好飼養。清代文人紫幢主人撰《京師竹枝詞》寫道：

　　　　珠鞯寶馬帝城春，剩冷緞暄半未勻；幾日東風初解凍，琉璃瓶
　　內賣金鱗。

217. 賣蛐蛐

清人夏仁虎在《清宮詞》中寫到八旗子弟鬥蛐蛐的事情。

苧裳容易怕秋風，新摘酸甜山裏紅；燈頭兩廊聞唧唧，趙盆羅
列賣秋蟲。

蛐蛐，又名蟋蟀、蛩、促織、莎雞、斯螽，是一種善於振羽而鳴，並且好
爭善鬥的小蟲兒。飼養蟋蟀，聽其振羽鳴叫，或是訓其搏鬥，自古有之，而且
人們樂此不疲。南宋的《繁華錄》中記道：「促織盛出，都民好養，或用金絲
為籠，或作樓臺為籠，或黑退光籠，或瓦盆竹籠，或金漆籠，板籠甚多。每日
早晨，多於官巷南北作市，常有三五十夥鬥者。鄉民爭捉入城貨賣。」

彼時，朝野希圖苟安，不思進取，養蛐蛐、鬥蛐蛐之風，已成傾國之好。
宋代詩人顧逢有《觀鬥蟋蟀有感》詩，寫道：「微蟲亦可傷，何事苦爭強。百
勝終歸死，一秋空自忙。吟殘庭際月，冷怯草根霜。不入兒童手，誰能較短長。」
當朝宰相賈似道，不思朝政，卻精心撰寫了一部洋洋萬言的《促織經》。蒲松
齡在《聊齋誌異》中，寫有《促織》一篇袁揭露了朝廷中風行的鬥蛐蛐，不僅
殃及國計民生，而且禍及平民家庭。府衙的官吏為討得上峰的歡喜，竟然還向
黎民徵集蟋蟀以充賦稅。儘管如此，此俗也造就了一行專門調馴蛐蛐的把式，
專門製造蛐蛐罐、蛐蛐探子、蛐蛐葫蘆的藝人，以薄技賴以為生。

218. 閒兒

　　人生於社會，必須有一技之長，用一技之長服務於社會，便能換得自己安身立命、育雛養家之所需。人的能力有大小，但必須從事一業，俗語謂：「莫言此業輕，行行出狀元」。只要努力去做，都能得到社會的認可。

　　但社會上偏偏有一行人，終生好吃懶做、游手好閒。有錢時，渴了張口，飯來張手，提籠架鳥，看花遛狗；沒錢時，太陽根兒一靠、雙手一抄，兩眼一閉，腰兒一貓，神仙來叫都不待動的。清代社會給這類人起了個名字，叫做「閒兒」。

　　「閒兒」，多是走了下坡的、不爭氣、不求上進的八旗子弟。對於漢人說來，「閒兒」就是城市惰民。在農村，「閒兒」就是二流子。這些人游游蕩蕩，從不幹活，過著懶漢的生活。如果算入「三百六十行」中的一行，便是什麼都不幹的人。清代文人查揆在《燕臺口號一百首》中，有《竹枝詞》一首。寫道：

　　　　北地蠶桑異昔時，但看榆柳一枝枝；最憐游手無生產，不怕人呼閒的兒。

219. 捏麵人

　　捏麵人這一行至少在宋代就有了。他們用兌了顏色的熟江米麵，憑手藝捏出各式各樣的小人物，如老漁翁、孫悟空、牛魔王、八仙人，黏在竹籤子上，活靈活現，煞是喜人。在兒童玩具不多的時代，這些江米小人可是孩子們的愛巴物。

　　舊時在廟會、集市上都有這一行手藝人，他們坐在高馬杌上，膝前置一小櫃，櫃面下是一個小抽屜，抽屜裏用濕紗布苫著一條條不同顏色的江米麵坨兒。捏麵人的師傅先用手搏一小團肉粉色的麵，捏成小人頭，按在竹籤上。再用一個小竹刀，左摁又摁，轉眼之間，鼻子、眼就出了形。再用一小片黑麵自頭頂一披，就成了頭髮。接著各用一丁點兒不同色的麵，在手心中一擀，就是一件花衣服。三下兩下，手腳捏齊，擺弄好姿式，一個人物不消十分鐘就立於眼前。圍觀的大人孩子被手藝人的敏捷神巧吸引得目瞪口呆。

　　清代文人臧宜孫在《揚州竹枝詞》中，對這當時蘇川有名的麵人師傅袁潤之很是欣賞，特寫詩讚道：

　　　　往日傳真數畫師，補來好景更題詩。緣何捏像人人肖？新到蘇
　　州袁潤之。

220. 賣降魔杵

降魔杵是一種法器，道家稱之為普巴杵，由護法尊神韋馱手持，用來護持佛法、降伏魔怨。佛、道、釋均視其為是鎮守廟觀的無量尊佛。在其影響下，民間百姓之家也視其為護宅寶物。將降魔杵掛在門口、寢室、窗臺、書桌之前，都能起到避邪的作用。

舊日，一些道士外出化緣，便以贈送降魔杵作為對善男信女募化錢帛的一種回報。不過，所贈降魔杵並非寺廟中供奉之物，乃是用木棍鏇製、敷以金漆銀飾的模仿物。由於道觀的募化收入的不斷減少，所制降魔杵的品質也就越來越差，這種法器最後淪為兒童的玩物。寶杵上面隨然刷些了彩粉，如同紙糊的寶劍一樣就倉促面市了。如圖所繪，幹這一行的多是落破的老道，他們身穿破道袍，手擎十字木架，架上掛著一溜兒降魔杵，見到婦孺就駐足售賣。在兒童玩具不多的年代裏，小孩們花不上幾個錢，買一支木製降魔杵，就當刀劍一般舞將起來，也是威風逞能的一種快樂。所以，這一行的買賣倒也不差。

明代長篇小說《封神演義》的作者許仲琳寫詩嘲之。

曾經鍛鍊爐中人，製就降魔杵一根；護法沙門多有道，文輝遇此絕真魂。

221. 吹糖人

　　清人葉調元在《漢口竹枝詞》中寫小學生們放學後，不願回家，結幫搭夥地一起看小販吹糖人：

　　　　放學歸來日未曛，滾錢拋靴鬧成群。阿娘膝下頻需索，吹了糖

　　人捏麵人。

　　吹糖人的是舊日的一種與捏麵人同行的手藝人。他們製作糖人有兩種方法，一是吹製，二是淋製。淋製是用小鐵勺，趁熱舀出少許糖稀，然後在一塊光滑的青石版上做畫。像畫一筆劃一樣，快速地淋出各種花鳥魚蟲的圖案，最後用一根竹籤放在圖案上一按，圖案與竹籤就黏在了一起，再插在竹笆子上售賣。一般是顧客現點現做。

　　吹製糖人的技術要求會高一些，其中也分兩種，一種是用模子吹，一種不用模子吹。這幅圖上所畫的是用模子吹時的模樣。小販用一柄中空的短蘆管，一頭沾上一團糖稀，在空中反覆搖晃，待其稍涼，把糖團放在一個開啟的模子內，再把蘆管含在口中徐徐吹製。不一會兒就成了型。打開模子時，就能取出一隻活靈活現的立體小動物。化不了幾個錢兒，孩子們擎在手中，連蹦帶跳，好不高興。

花鳥

222. 賣花兒

　　花兒，是造物主妝點世界特意賜給人類的一種恩惠。花兒四季不息輪流盛開使大地五彩斑斕，讓人們賞心悅目，給生活增添了豐富的情趣和歡樂。明代楊慎有《詠梅九言》，寫道：「錯恨高樓三弄叫雲笛，無奈二十四番花信催」。梁元帝在《纂要》中解釋二十四番花信為：「一月兩番花信，陰陽寒暖，各隨其時。但先期一日，有風雨微寒者即是」。楊慎在《升菴全集》中，將一年十二個月的花信依序排為：「鵝兒、木蘭、李花、楊花、橙花、桐花、金櫻、黃蘼、楝花、荷花、檳榔、蔓蘿、菱花、木槿、桂花、蘆花、蘭花、蓼花、桃花、枇杷、梅花、水仙、山茶、瑞香」每一月有兩種花開，總計為二十四番。

　　唐武則天曾分封了十二位花神，掌管全年的花事，各司其職，敕令民間供奉。而民間愛花、蒔花、供花，並非因帝王的喜惡而定，原是出於熱愛美好事物的天性所致。從來市井就有以賣花為業的小販，依不同的時令，將應時的鮮花採折下來，行街叫賣。清嵩山道人有詩云：

　　　　珠蘭茉莉夜來香，堪笑世人個個想；白髮公公買一朵，誠心送
　　與織娘娘。

223. 賣盆栽

盆栽,是在花盆、瓦甕等器皿中蒔養的花木。包括芳草佳木、奇花異卉,四季蔬果等等。是放置在園林居室中富有裝飾作用的陳設植物。盆栽是花木種植的一種高級形式,充滿著詩情畫意。我國盆栽花木的歷史悠久遠,可溯至殷商時期,紂王無道,在鹿臺之中廣設宮室,園林如畫,當時的盆栽就已很講究了。河北望都東漢古墓的甬道上的壁畫遙畫也繪有一系列盆栽花木。

唐人的詩文中也開始有對盆栽的描寫。白居易有詩云:

青石一兩片,白蓮三四枝,寄將東洛去,必與物相隨;石倚風
前樹,蓮栽月下池。

盆栽藝術在古人的眼中是無比聖潔高貴之物,所養的植物自然也全是罕見的品種。牡丹花代表著玉堂富貴,萱萲表示著妙筆生花,菊花喻示高潔,芝蘭喻示君子,松石代表宜壽,梅花喻比貞潔。這些擬人的象徵和比喻早已見諸歷代的詩詞歌賦之中。

老北京的普通人家,都有蒔弄花草的喜好,庭院堂前,多植花木已成習俗。京郊種花為業的農戶很多,他們把培育出的各色盆栽花卉挑到城中售賣,也是極好的一樁生意。

224. 賣南天竹

　　「歲寒三友」之說，最早流行於明代。明人程敏政曾作《歲寒三友賦》，他在賦中稱松、竹經年蔥鬱，冬而不凋。梅花耐寒，孤標傲岸，用此三種植物來比喻高風亮節之士，稱之為「歲寒三友」。自此，以歲寒三友為題材的文章、詩詞、繪畫、文玩、裝飾品便多用起來。而且，歲寒三友所包括的內容也就越來越豐富了。所借用的植物也不僅僅限於松、竹、梅，而把蘭花、水仙、菊花、石頭等等，也漸次劃入三友之列。

　　南天竹，春夏開白色成簇的小花，落謝後結球狀果實，至冬歲末變成朱紅色。與南國紅豆相似。如珠如玉、晶瑩可愛，而且長掛不墜，容易保存。正因如此，很得文人雅士的喜愛。它的枝葉、果實、在寒冬百花凋零之際，傲霜禦雪，滴紅染翠，如詩如畫，尤見精神。用之擬人，則高標冷雋，喻物，則不與眾同。因此，被人們譽為高標傲物，便也躋身三友之中了。到了清季，南天竹成了吉祥之物。這與時風所好有著密切關係。民間旗戶或是漢人中等人家的廳堂，必擺上一盆南天竹以示高雅。城郊的花農，在冬季的歲末年前，常常折採掛果的南天竹枝條，進城販賣。他們擎著這些枝條走街串巷，吆吆喝喝，如圖中所畫的一樣。遇有買者，就高高要價，但買者可以就地還錢。

225. 賣蘭花草

　　　　我從山中來，帶著蘭花草，種在小園中，希望花開早。一日看
　　三回，看得花時過，蘭花卻依然，苞也無一個。轉眼秋天到，移蘭
　　入暖房，朝朝頻顧惜，夜夜不相忘。期待春花開，能將凤願償，滿
　　庭花簇簇，添得許多香。

　　這首著名的詩歌衷是胡適在 1921 年寫下的。題為《希望》。那年夏天，他
到西山去遊玩，遇到山間挑擔賣蘭草的小販，順手買下幾株。歡歡喜喜地帶回
家。讀書寫作之餘，精心照看。但是直到秋天也沒有開出花來。於是，就寫了
這首小詩，一直傳唱至今。

　　《孔子家語》說：「八芷蘭生於深林，不以無人不芳。君子修道立德，不
為窮困而改節」，在歷代文人崇拜喜愛的影響下，人們愛蘭之風也遍及飲食男
女。我國人工養蘭的歷史悠久。南宋趙時庚還寫出世界上第一部蘭花專著《金
漳蘭譜》，對紫蘭和素心箭蘭三十多個品種的形態特徵作了描述，並對蘭花的
栽培作了詳細的介紹。

226. 賣寵物

　　所謂寵物就是人們喜歡養著玩，藉以怡情娛性的動物。大至鹿、馬、鷹、犬，小至貓、兔、魚、鳥。以主人嗜好的不同，而寵養有異。

　　有關古人蓄養寵物的事情，儘管正史並無記載，但在野史小說中則屢見不鮮。比如說：晉代王羲之喜愛大白鵝，陸機則養了一隻狗，名叫黃耳，它能為主人傳書遞簡。黃耳死後，他特意為它修了一座墓，自己常去憑弔。又如，詩人林和靖寵愛仙鶴，他把梅花比喻為自己的妻子，把仙鶴視為自己的兒子。南宋的宰輔賈似道則把蟋蟀當成自己的命根子，竟然把國事置於腦後而為蟋蟀著書立說。

　　市井小民調鳥養魚，給小孩子買蟈蟈，喂小雞，自然也屬養寵物之類。至於平民之家養貓調狗的事情，更是司空慣見的市井風情。

　　近代學者認為，貓和狗經過漫長的進化演變，已經脫離了自然界的生物鏈。不再存在於生態平衡之中，是適合人類家庭的動物，廣泛存在於人們的生活、工作之中。賓夕法尼亞州大學的醫學專家證實，和寵物親近能夠幫助人們解除焦慮，增進心臟健康，改善免疫系統。寵物能給孤獨的老人和缺少夥伴的孩子帶來溫暖和慰藉。因為民間養貓、養狗的甚多，售賣寵物的生意也應運而生。在北方這一行人多出自通州。據《通州志》載，「販賣雛貓幼犬者多出於通州，小販世代為之，最講品種純正，精心侍弄。稍長，鬻於市」。

227. 放鷹

　　唐代大詩人杜甫在年青時寫過一首詠鷹的詩，描寫了獵戶放鷹狩獵時，獵鷹矯健無畏、傲視一切的身影。作者借詠鷹，來表現達自己嫉惡如仇、奮發向上的心志。他寫道：

　　　　素練風霜起，蒼鷹畫作殊。聳身思狡兔，側目似愁胡。絛鏇光堪摘，軒楹勢可呼。何當擊凡鳥，毛血灑平蕪。

　　俗話說：靠山吃山，靠水吃水。山里人除了經營山柴山貨為生之外，冬季還上山打獵。這是承繼了滿人崇尚彎弓習武，騎馬射獵的習俗。他們善於養鷹、熬鷹、馴鷹、放鷹。並且用獵鷹捕捉獵物。一隻訓練有素的獵鷹，能輕而易舉地捕捉狐狸、野兔、黃羊之類的動物。狩獵時，一些人將匿於荊棘叢、野草棵子之中的山雞、野兔驚起，放鷹人立馬放鷹，撲向目標，能縱能收，百戰不殆。任何獵物都不能逃脫獵鷹的追殺。一天能抓到十七八隻山雞野兔。

　　晚清時節，城裏的八旗子弟、老少爺們除了提籠架鳥玩還不算，也學起玩起鷹來。熬鷹、架鷹、放鷹成了他們的日常功課。自以為神氣豪邁、不可一世。其不知人見人嫌。當面稱爺，背後指著脊梁叫他閒兒。

煙牌

228. 製麻雀牌

麻雀麻雀不起眼，打起牌來眼瞪圓。朋友喝酒越喝越近，朋友打牌越打越遠。

以上是牌迷們的兩句口頭語。麻雀，俗稱麻將，是一種四人玩的骨牌博戲。流行於國人日常生活之中，麻將的牌式主要有餅、條、萬之分。通過摸、吃、碰。組成不同排列組合，以論輸贏。是一種男女老少人人喜愛的遊戲。

相傳，這種遊戲是明朝一個名叫萬餅條的人發明的。此人是個紈絝子弟，亦通文墨，但是好賭成性，萬貫家財都被他揮霍殆盡。然而他仍不歇手，總認為當時流行的「葉子格戲」，雖然也有千變萬化，但不算完美。所以就廢寢忘食地對「葉子格戲」精心改造，最終發明了一百零八張的麻將牌。並以自己名字，萬、餅、條，作為三種基礎花色的命名。

麻將的基本打法很簡單，也容易入門上手。但其中變化極多，搭配組合因人而異。因之也構成一種頗能引人入勝的娛樂形式。普及面十分廣泛，上了癮的人，可以整天消磨在麻將桌上。如果用錢賭輸贏，也會使人破產敗家。

229. 賣涼煙

　　上圖是村井煙公司出版的煙畫，畫的是清末售賣「涼煙」的情形。涼煙是一種不含尼古丁，由中草藥配製的粉劑製品。內含冰片、薄荷等清涼劑，用以代替鼻煙。嗅之，亦能達到清腦提神的作用。時人稱之為涼煙。發明人稱此物的效用與鼻煙相似，但配方科學，無毒無害，更不會用之上癮。它不是鼻煙，勝過鼻煙，良方濟世，益人心神。是一絕代妙品。賣涼煙的人也以新派人物自居，聲稱推銷涼煙的目的在於宣傳科學，提倡戒煙戒毒。他們頭戴禮帽，身穿半中半洋的衣著，站在繁華的街道路口，侃侃而談，介紹吸煙的害處和改用涼煙的好處。向路人推銷匣內物品。

　　涼煙的包裝像個小牙粉袋，長方形狀，每包一市兩。當時一市斤合十六兩，售價也不貴。一些吸過鴉片或是紙煙的人有意戒煙，就購買這種涼煙來吸，作為戒煙的一種過渡的辦法。清代末年，涼煙的售賣風行一時。當年北京曾經流傳過這樣一段順口溜：

　　　暑熱天，您別慌，快買暑藥長春堂，抹進鼻孔通心脾，消暑祛
　　火保安康。

230. 買鼻煙

　　鼻煙是一種由煙草、冰片、茯苓、香料研磨精細的粉末，平時貯於鼻煙壺內，用時取出些許，用中指和拇指一拈，送入鼻孔之內。閉目養神，輕輕吸入，頓時清腦提神，飄然若仙。若是猛吸一口，噴嚏如雷，瞬間一身輕鬆，遍體通泰。比吸食旱煙、水煙，別有一番滋味。故在舊時吸者頗眾。

　　鼻煙源於何地何時，其說不一。有云傳自蒙古，有云出自泰西，據筆者所知哥倫布發現新大陸，是人們首次與煙草邂逅之時。他們還把盛產煙草的加勒比島命名為「多巴哥冶」。後來，葡萄牙水手高斯把煙的種子帶回了歐洲，法國駐葡萄牙大使尼古特對這種植物精心栽培在花園裏。收穫了葉子曬乾，研成細末試吸，覺得有提神解乏、鎮定解痛的作用，於是，又添加了些輔料製成鼻煙，進貢給法國皇太后凱瑟琳。竟然醫好了她久治不愈的頭痛病。由此煙草成了歐洲宮廷內的尤物。明代嘉靖年間，意大利傳教士利瑪竇來華向朝廷進獻的貢單上，就有鼻煙兩瓶。這應是鼻煙進入我國的最早記載。乾隆舉人彭光斗有《鼻煙次某閣學韻》詩，把鼻煙寫得神乎其神：

　　　　輾成琵琶金屑飛，嗅處微微香霧起；翠管銀瓶出袖間，灌腦薰
　　心嚏不已。

　　彼時鼻煙鋪是個大賣買。如圖，癮君子入門，手執煙壺，一個個都是急切切的神色。賣鼻煙的刨手執枰稱，不緊不慢地論錙論銖，煞是有趣。

231. 買水煙袋

　　煙袋分兩類，一種是旱煙袋一種是水煙袋。旱煙袋是在平直的煙管前裝一個小銅鍋。水煙袋的構造可就複雜得多了。陳琮在《煙草譜》中描述其制，有鶴形、象形、葫蘆形等。水煙袋是範銅為女蹊，腹貯水、面裝煙，跟引管尺許，隔水呼煙。他說的水煙袋樣式，一直到近代並無多大變化。水煙袋的下邊是個一把可握的注水銅壺，上邊的前嘴兒可置放煙絲，就火可燃。後面有一個彎曲的長管，可含在口中吸用。質地分黃銅、白銅、銀、鋅、景泰藍、琺瑯種種不同材料製成。外面裝飾各色圖案，如連綿錦寶相花、福祿壽喜、松鶴延年等等，精美非常。而且男用、女用款式有別。把握之間，千變萬化。單從審美角度來說，確是一種值得欣賞的藝術品。當年，吸水煙的人握著它，也是一種展示身份、身價的物品。

　　徐珂著《清稗類鈔》中，錄有乾隆舉人舒拉的《詠蘭州水煙》一詩，詩中這樣描寫水煙袋的：

　　　　遍來兼得供賓客，千錢爭買青銅壺；貯以清水及扶寸，有聲隱
　　隱相呼吸；不知嗜者作何味？酸鹹之外云模糊。

232. 賣水煙

乾隆時的舉人舒拉工詩,著有《瓶水齋集》他寫的詩中提到了水煙:

吁嗟世人溺巧好,寧食無肉此不疏。青霞一口吐深夜,那知屋
底炊煙孤。

水煙的煙絲以蘭州產的品質為好。《煙草譜》稱:「出自甘肅之五泉的煙最
為佳妙」。它是由我國原生煙種黃花草,經過舂製、切絲、製塊而成的。南方
潮煙的製法也如是。在吸用時,有的在水中適當地調入一些蔗糖或冰片,抽起
來更有滋味。

清季吸食水煙的風氣十分普及。有身份、有地位的人家,老爺、太太皆吸
水煙。民俗學者金易先生在《宮女談往錄》中,記錄了宮女榮兒在儲秀宮為慈
禧老太后侍候水煙的情節,十分真切可讀。清代的茶館酒肆以及戲院書場都有
專以敬奉水煙為職業的小販出入。這一行的褡褳裏背著幾支水煙袋,還有煙
絲、紙眉等,遇有要抽口煙的,當時背過身子燃好紙眉,把煙點著,而後再側
著身子把水煙袋恭恭敬敬地送到顧客口中。這幀煙畫就是這一行的圖證。他們
把顧客侍候得舒坦了,從而掙些小賞錢。

233. 磨煙袋嘴

　　在吸煙的方式上，國人多吸旱煙。俗諺云：「東北有三怪，窗戶紙糊在外，養了孩子弔起來，十七八的姑娘大煙袋。」女孩尚且如此，足知吸旱煙的普及程度已十人九吸了。撰修《四庫全書》的紀昀，就是位著名的癮君子。《清人軼事》記載：「河間紀文達公酷嗜淡巴菰，頃刻不能離。其煙房（即煙袋）最大，人呼為紀大煙袋。

　　旱煙煙袋一頭是銅煙袋鍋，另一頭有煙袋嘴，中間由帶孔的竹、木或銅煙袋管連接。抽煙時，把煙袋嘴含在口裏，再在煙鍋裏放入煙絲，用火點燃吸食，這種煙袋的長、短、粗、細，以及款式、材料，有很大的區別。清朝人愛擺譜兒，什麼等級的人用什麼樣的煙具。達官顯貴的煙袋自然是十分講究。煙袋嘴的用料的好壞是重要標誌之一。用不同的玉石製作煙嘴是煙民的一件樂事。

　　「玉不琢，不成器」琢玉是一種專門的技術。清代的玉器作坊，琢磨煙嘴兒也是一項很主要的日常活計。前來加工玉煙袋嘴的多少都有倆錢的人。所以，要飯的也常圍在此處乞討。

三、市廛江湖

服務

234. 三行

　　「三行」，是舊日戲園子裏的三種服務工作人員的統稱，一是在前臺忙活遞手巾把兒的、賣果子的和茶房三種人。別看是三種工作互不搭界，但均納入「三行」之內。

　　舊戲園子都是從茶園轉化來的。都市裏的旗人、閒人，喝茶、聊天兒、聽戲、解悶兒都當作是一回事，所以，老戲園子都帶有老茶館的遺風餘韻。「三行」在戲園子裏做事，每月要交付戲園老闆定例。因為有經營利益在內，「三行」在前臺這麼一熱鬧，很影響臺上的演出效果。一般唱戲的角兒也得讓他們三分，要不然，在正要叫好的節骨眼上，「三行」在臺下一開攬，不是甩手巾把兒，就是茶水燙了人，能把到口裏的蹦豆子又濺了出去，那才惱人哪！因此，大凡好角兒打泡，或是唱大義務戲，劇團都要開一個小份兒給「三行」頭兒，拜託「三行」在角兒唱到要勁的時候，收著點兒，別動彈。待角兒下場後，再去兜攬各自的生意。

　　此俗一直到袁良當北平市市長的時候，為把北平建設成一個文化旅遊城市，下令，每個戲園子都要嚴格約束「三行」的經營方式，演戲中場要休息十分鐘，讓觀眾休息、喝茶、購物、要手巾把兒。

235. 奶媽

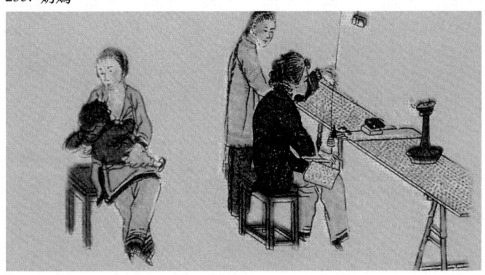

　　奶媽這種職業出現得很早，《禮記》中就有「士大夫之子有食母」之說。民間的奶媽多是別夫離子、以身事人的婦女。城中許多家庭生下孩子後，由於生母奶水少，不足以哺乳嬰兒，或是生母身體虛弱，或被疾病所纏，甚至有生母在產期夭亡的，就需要雇傭奶媽帶哺幼兒。還有富裕人家的太太不願意自己帶孩子，而將嬰兒託付給奶媽餵養。

　　奶媽，她們用自己的奶水為別人家奶孩子，在經濟上得到一定報酬，但自己的孩子便顧及不了了。保母帶哺的孩子從小呆在奶媽身邊，形成了孩子與奶媽之間建立了特殊感情。因之產生了很多感人的故事。例如「魏媼捨命護主」、「乳母嚴訓寇準」等，均已寫入典籍，為後人敬重。清代畫家鄭燮（板橋）曾寫過一首《乳母詩》。說他三歲時，母親病重在床，奄奄一息。板橋年幼無知，猶自「登床索乳抱母臥，不知母歿還相呼」。他是由乳母帶大，一生難忘乳母哺育之恩。

　　　　平生所負恩，不獨一乳母，長恨富貴遲，遂令慚惡久，黃泉路
　　迂闊，白髮人老醜，食祿千萬鍾，不如餅在手。

236. 畫喜神

民國詩人馮文洵《丙寅天津竹枝詞》中寫到畫喜神一行：

青衣白馬喝道聲，翎頂煌煌紅帽纓；畫像亦非民國服，男遵清制女遵明。

舊日民間辦理喪事，出殯時必須供奉死者遺容，這是辦理白事的一項重要習俗。在照相術未傳入之前，有專為活著的人畫肖像的師傅，人們稱其為畫師；而為亡人繪製遺容，則俗稱畫喜神，也叫做「揭帛」。

明人蘭陵笑笑生在《金瓶梅詞話》第六十三回中，寫到西門慶請來專畫喜神的韓先生給死去的李瓶兒繪遺容。先由揭帛，看遺容始，再聽取亡人親朋的描述，琢磨亡人活著時候的音容體態，這才開始執筆起稿作畫。畫出亡人生前時的肖像。肖像的規格形式有全身的大影和半身卷軸之分。收取的酬金，根據尺寸大小，亦頗不薄。

從事這一行們畫師的技術要求過硬，能在眾目睽睽之下工作，出手不高，是難以擔當此業的。

習俗

237. 塑佛像

　　佛教是在南北朝時期由印度傳入我國的，北魏時期尤為推崇，自上而下，開始大規模地建寺建廟，塑造佛像。到了唐代，三藏大師到印度取得真經以後，在皇室的倡導下，佛教已遍行全國。由此，歷史上出現了很多身懷絕技的雕塑大師，例如宋代的包承祖、明代的王竹林等，他們給今人留下了許多動人的塑像。晉祠、歸元寺、東嶽廟等地方的前代彩塑，迄今，栩栩如生地看著遊人。

　　元代的雕塑家劉元也是這一行的佼佼者。他在少年時代，為了生計跑到山東青州，遁入空門，拜了一位著名的老道為師。在這住師傅的指導下，他學會了捏像手藝，尤以塑神像為長。他每次應邀塑造神像，都先用泥巴打出模樣，並在塑像上貼以棉布，乾後，再層層塗上大漆，最後再脫模成型。據說，北京阜成門裏大永福寺和香山寺山門內的「四大天王」像，都是劉元所塑。清人蔣靜山在《燕九上元竹枝詞》中，為劉元寫了一首贊詩。

　　　　大西天共小西天，再與劉元塑接連。玉蝀橋邊人聚蟻，塵蒙宮
　　柳似含煙。

238. 扯甕子

　　明代皇帝朱元璋相信風水和堪輿，他認為不少戰事所以取得勝利，都與身邊謀士的占卜有關。所以，登基坐殿之後，對這些人多有封贈。上有好者，下必甚焉，民間多有效法，堪輿術士風行一時。文人曹去晶有詩嘲諷這一行人。

　　　　近城風脈祖墳山，盡日堪輿馬上看。俱道來龍埋處好，不知何

代始高官。

　　此詩見自《姑妄言》一書。

　　「扯甕子」是堪輿術中的一行，興於晚明清初。這行人身著道袍，足蹬夫子履，頭上不留髮辮，髻子盤在頭上，外罩一頂高方巾，儼然明代讀書人的打扮。他們手上擎著一個木製的圓盤子，盤子上托著一個圓型的木葫蘆，這個木葫蘆很像個無柄的大空竹。空竹腹中纏繞著長長的皮繩。用力一扯，木葫蘆就會發出「嗡——嗡——」的響聲。人們都叫他「扯甕子」的，實際上是個看風水的家什。

　　這行的業務主要是為人看「陰陽宅」，為商業勘看鋪面的方位凶吉好壞。風水先生說：天、地、山川、土木、建築，莫不關係到國運、政興，家庭以及人生的命運，事業的興衰。上古盤庚、公劉、古公、周公，是這一行的祖師爺，皆以相地脈、辨王氣、識方位、斷時日、五音姓、明太歲、酉益宅、鎮那物，為易理。由此創造了一門《堪輿金匱》學。

239. 關亡

南宋詩人楊萬里作《望謝家青山太白基二首》，其中有一首描寫農村巫者做法，關亡與招魂的情景：

> 阿眺青山自一村，州民歲歲與招魂。六朝陵墓今安在，只有詩
> 仙月下墳。

跳大神一行源於上古的巫師巫術。他們祭祀天地鬼神，用龜板、蓍草占卜凶吉禍福。後來，這一行內容發展得越來越細，「關亡」是「招魂」的一種，從中分離了出來，成了特別的一行。這一行多為婦女操業，稱為「仙姑」。

關亡，是通過祭奠做法，使亡故之人通過仙姑肉身與活著的人對話。這種法術純粹是騙術。作神媒的人，靠鬼神吃飯，欺騙的對象多是婦女、兒童和無知的小民。他們或是生了病，或是做了怪夢，或是家中出現些不可理解的事情，胡思亂想、疑神疑鬼。就請來三仙姑予以禳解。禳解時，在廳堂前設置好靈位，擺上供品袁，點燃香燭，本家人跪在案前祈禱，仙姑正襟端坐，口中默念咒語。不久，仙姑變顏變色袁，若有所悟，似有所得。轉瞬，便大呼小叫、或作亡人語言，或作亡人附體。時哭時笑、囁嚅聲聲。本家人備覺惶恐，便不由自主地向仙姑述說起個人的苦惱和訴求，並與附在仙姑身上的親人交流起來。在蒲松齡的《聊齋誌異》中，就寫了很多有關仙姑的故事。

240. 老道賣劍

　　　　手持三尺定山河，四海為家共飲和。擒盡妖邪投地網，收殘奸
　　宄落天羅。東南西北敦皇極，日月星辰奏凱歌。虎嘯龍吟光世界，
　　太平一統樂如何！

　　這首《寶劍詩》係太平天國的皇帝洪秀全所作，見自他撰寫的《斬邪留正詩》中。「手持三尺定山河，四海為家共飲和。」是他終生追求的一種夢想。

　　寶劍是鎮物，歷代帝王、豪強、武夫、惡霸都視寶劍為權力的象徵。漫延所及，民間也有寶劍可以鎮宅之想。

　　老道士賣寶劍，是舊日老北京很獨特的一個行當。道士束髮，頭戴道冠，衣道袍，著麻鞋，身背數柄木製的青龍寶劍，踽踽而行於廟會、街肆之中。遇有善男信女，或面帶愁容之人，便當面向其推銷寶劍。勸人購回，將寶劍懸於宅舍廳堂，作為鎮宅辟邪之物，可以消除一切煩惱。這種寶劍，是以漿紙為鞘，削木為劍，刷金鍍銀，瀝粉描龍，成為擺設或兒童玩物。善男信女花不了幾個錢，賣回去，圖了個心神安定。

241. 唱經卷

　　據說春秋戰國期間，齊國田單用了火牛陣，殺得敵國兵卒血流成河，屍積如山。田單部下有個姓羅的將軍，見此慘景，十分不忍，旋即隱居山中，再也不去指揮作戰了。後來，他了倡立了「無為道」。

　　無為道除了靜修悟道之外，還利用民間故事，勸人為善。講的都是「善有善報，惡有惡報」的「因果報應」之說。他和他的弟子們就以「解經講書」的形式，四處雲遊講書，曉以春秋無義戰的道理，信眾無數。到了中晚唐，他的弟子們就創選出一種有「白」有「唱」的宣卷形式，寺廟中的和尚、遊方僧，四處雲遊，集資募化，也都借用這種形式，也在鬧市或弄堂門首，展開經卷，敲擊木魚，合什念經，藉以向善男信女化緣，或索求布施。這種有說有唱的形式，講今說古，比寺內和尚念經，更為動聽。為此也吸引了不少聽眾。清代詩人楊靜亭在《都門雜詠》中有詩讚宣卷。

　　　高樓曲榭望崚嶒，賞菊西園秋興增；佛號罷聞剛午後，又來東
　　院看齋僧。

242. 打錫箔

　　打錫箔，就是「打錫為箔」，把錫錠捶打成比紙還要薄的錫箔，是一種傳統的家庭手工業。這種薄膜般的錫箔為銀白色，焚燒後的灰就變為金黃色。主要用來製作各種迷信物品，用以充當冥幣。

　　據文獻記載，錫箔的發明者是杭州靈隱寺的胡拔主持。他是唐代中期人，其誦經之餘，常思供佛之道。一日偶得一夢，夢見佛祖立於五彩祥雲之間，口稱「而今人間禮佛過於靡費，動輒殺牲焚帛，糟蹋物品。未若飾之以錫。心到意到，眾佛樂也。」在神的指點下，胡拔便以磬錘擊打錫錠，就這樣發明了錫箔紙。用來製作金、銀元寶，焚化禮佛。「當時，這種箔紙稱為杭箔，繼之，寧波人始操此業，稱為甬箔。」最後，紹興人將之繼承了下來，始有紹箔。

　　在清代乾隆年間，紹箔不僅銷行中國沿海各地，還遠至北京、內蒙及高麗、緬甸，成為一項重要的手工產品。錫箔的製作分為三步，先把錫塊放在坩堝裏熔化成錫水，再將錫水注入一個有夾層的模型中，鑄成一條條長三寸、闊一寸的疊箔，工匠再把疊箔多次的碾壓、鍛打，使之變熟備用。圖中所繪的情景就是箔工用錘捶打疊箔，加工成箔紙的情景。

243. 折紙錁

自古稱對待亡人應該「侍死如侍生」，所以葬祭都要隆重豐厚，除祭禮、三牲之外，奉之以錢幣，是最「實惠」的事情。

古時，為了便於錢幣焚化飛昇，交付陰間冥府使用，就發明了紙錢。人們用紙剪出一疊疊的圓錢，疊在一起在靈前焚化，從中可以看到舊日焚燒瘞錢的遺跡。到了清代，這種用金、銀箔紙折迭出的金元寶錁子、弔錢。也是瘞錢的一種幻化。凡是祭祀鬼神、超度亡魂、僧道作場、掃墓、上墳全都要用。

由於用量很大，就出現了專門製作這些金銀錁子的作坊。這種錁子一般是在「紙紮鋪」、「冥紙店」、「香蠟鋪」中售賣。錁子十隻一串，十串一束，懸掛在鋪子內。買者多是以雙數成束購買。也有的用戶為辦大喪事時用，則要提前向作坊預訂。清代詩人吳梅顛作有一首描寫民間祭祀用的《紙錢詩》，出自《徽城竹枝詞》一書。詩中寫道：

> 出行爆竹鬧開場，紅紙馬包紅棒香。錫箔貼成元寶錠，汪王山
> 上拜汪王。

244. 香燭鋪

　　舊時，我國的市井平民信佛、信道的人有十有之五、六。即使不信佛道，逢年過節，家中也要祭神、祭灶、祭祖，需要用各種素燭香蠟和紙錠冥鈔。因此，銷售香燭這一行的也就自古有之。

　　香燭鋪多開在寺廟、道觀、庵堂左近，門臉兒都很講究的，有字號，有牌匾。鋪子裏面陳列著各種祭祀用的香燭製品。其中有「高香」、「大金錠」、「小金錠」、「百速錠」、「線兒錠」，以及二三尺長的「子午香」、「棍兒香」。還有日常家庭中用做薰香的紫檀香、龍涎香、芸香、引香麵兒、黑炭筋兒等等。夏天的時候，香燭鋪裏還代賣薰蚊子的蚊香、艾繩。

　　蠟燭，則有大對的「龍鳳燭」、「雙喜燭」、「壽燭」、「大雙包」、「小雙包」和日用的「素燭」，供所需之人精挑細選。其業務也頗不差。民初有筆名蝸居客者寫有《竹枝詞》一首，刊自二十年代小《實報》上：

　　　　龍涎芸檀來海外，中原難得有真材。唯有東四品香樓，貨真價
　　實買得來。

245. 牽香

　　牽香也叫壓香，是把調製好的香料膏子盛到一支竹筒內，這種竹筒有七、八寸闊、三尺來高，筒子上邊有一長柄的封蓋，筒下有一小孔。製香時，一個夥計用橃槓在上面用力一壓，細長的線香便從筒下的小孔被擠壓出來。另一個夥計則把剛壓出來的線香牽引、拉直，按一定尺寸裁截、擺平，經過曬乾，最終成香。就這樣一個不停地壓，另一個不停地牽，一支支的香就誕生了。

　　舊日，香燭鋪的後邊，大都連著自家的香作坊，香作坊裏都雇有夥計牽香。不同的香，配著不同的料；不同的粗細，則換用不同規格的筒子。如是不同品種的「高香」、「金錠」、「速錠」、「線兒錠」，以及「子午」、「棍兒香」、紫檀香、龍涎香、芸香等，就要分別兌料，製出的產品就更加精製了。

　　清人孫蘭蓀在《圖畫日報》上開闢有《營業寫真竹枝詞》的專欄。詩中說道這一行人中，因為這項工作過於無聊，壓香的工人多由盲人充任。

　　　　瞎眼牽香亮眼做，瞎眼奔跑亮眼坐。工錢反是做香多，誰憐瞎
　　眼牽香苦。香末因何瞎眼牽，瞎香瞎點佛龕前。若教明眼人看破，
　　怎肯燒香瞎費錢。

246. 香燭攤

　　清末民初時期，民間的社火、廟會、拜神、祀祖等各種名目的民俗活動很多。且不同的地方有著不同的特色。例如，江南的膏腴之地揚州，祀神拜廟，歲連月繼，幾無中斷。據《揚州地方志》載：「僅財神廟宇就有三處，連年香火旺盛，至為靈驗。正月初五晨來此進香者如潮湧至，爭先恐後，以燒頭香為最虔誠。年復一年，日愈提早，遂成初四夜香。正殿供財神五尊院居中財帛星君，左兩尊為招財進寶，右兩尊為利市納珍。座前終日香煙繚繞，燭焰騰輝。子夜開香門，廟祝燃放鞭炮。撞鐘擂鼓，香客接踵上殿，插燭焚香，虔誠禮拜。廟祝隨香客跪拜，敲磬。香客掏錢，投入緣櫃。以為香火小費，叩頭後赴大井香爐焚化紙錢銀錠。布施燈油米錢，更有坊里社火，成群結隊高舉旗幡傘扇，上殿獻舞。廟外攤販成市，鱗次櫛比，香燭攤發售神香紅燭，更有泥塑財神與印刷的財神版畫任客選購。嘖嘖人群擠得水泄不通。」

　　文中寫的香燭攤，是各色廟會不可或缺的一大行當。香燭攤與前文所寫的香燭鋪有所不同。它的規模小，流動性強，隨廟會活動之盛而盛，亦隨廟會活動之止而遷，沒有香燭鋪的規模和氣派，卻靈活而通變。就是遷就佛道寺廟就近經營。

247. 賣小轎

　　臘月二十三，祭送灶王爺上天，好吃好喝好伺候。為的是請他「上天言好事，回宮降吉祥」。這是華夏民族行之以久的民俗之一。《酉陽雜俎》一書說：「灶神名隗，狀如美女，又姓張，名單，字子郭。夫人字卿忌，有六女皆名察洽，常以月晦日上天，白人罪狀，大者奪紀，紀三百日，小者奪算，算一百日，故為天帝督使，下為地精。」所以，每當他要上天的時候，家家戶戶都要「媚灶」。不僅供以好吃好喝、好酒好菜，還要製作出一頂頂精緻的小轎，專給灶王上天時乘坐。只有進了臘月才有這種小轎買賣。價錢不貴，當家的主婦買回來，先是給小孩「過家家」玩耍。待小孩玩膩了，再把轎子供在廚房的灶上，列入「紙幡甲馬」之中。等到了祭灶的時候，就把灶碼兒放在轎上，一併燒毀焚化，算是灶王爺乘轎上天言好事去了。清代文人張朝墉所作《半園癸亥集》一書中，有一首《送灶詩》。寫道：

　　　　紙幡甲馬列廚東，司命遄行薄醉中；天上去來才七日，凡人無此大神通。

藝品

248. 製筆社

　　據說，秦朝大將軍蒙恬鎮守邊關時，出於公文往來和文牘繁多的需要，發明了「以枯木為管，以鹿尾為柱，羊毛為被」的毛筆。用這種毛筆沾上黑色的墨汁，在竹簡上書寫可就方便多了。毛筆的出現，使文字書寫有了長足的進步，而且為中國書法藝術化起到了催化作用。

　　筆的製作是中國獨有的一門技藝，千百年來，也形成了獨特的一個行業。一枝筆從選料到成筆，需經過梳、結、蒸、煮、擇等七十二道工序，製成的筆才能達到「尖、齊、圓、健」的基本要求。北京的著名筆社有「李福壽」、「賀蓮青」、「李玉田」和東琉璃廠的「戴月軒」。這幾家各有絕活，各具特色。有的善製白雲，有的善製獅爪。而戴月軒的書畫筆最是講究。

　　近人湖北省《今古傳奇》雜誌副主編蔣敬生先生作《聽雨窗詩草》中，有制筆一詩。贊道：

　　　　茫茫宇宙源洪荒，世事春秋見興亡；日月不墨筆永在，是非曲
　　直分玄黃。

249. 糊錦匣

　　錦匣亦稱古錦囊匣，是我國傳統手工藝品的一種，也是我國最早的包裝裝潢的工藝品。《韓非子》中記有這樣一個故事，楚國有一個人在鄭國的集市上賣珠子。裝珠子的錦匣是以木蘭為胎，用桂椒薰得噴香，四周綴以珠玉，飾以玫瑰。還有翡翠點綴其上。鄭國的一個買主，特別喜歡這個錦匣，竟用買珠子的高價買了過來、然後把珠子還給了賣主兒，只把這個包裝匣子拿走了。這就是著名的成語「買櫝還珠」的由來。這個典故可以證明，早在春秋戰國時代，我們的祖先製作的囊匣包裝已具有相當高的裝飾水平。

　　古錦囊匣的主要用途是裝置珍稀的博古珍玩。例如，清代宮中凡刻有御製詩、款、璽文的玉器、漆雕、珍珠、瑪瑙、全都配置木座、內膽、錦袱、囊匣。以便於帝王閑暇時把玩愛撫。所謂「錦匣玉躞，庋藏成山」，就是把最珍貴的寶物都收藏在精美錦匣之內。

　　錦匣原本是江南蘇杭一帶的工藝美術製品，後來，清宮把好的匠人傳入京師造辦處當差，專為皇室服務。據記載：造辦處幹這一種工作的人，多的時候有百人之眾。其工藝細緻考究，堪稱一絕。此技藝是祖輩相傳的。製作時，必定關門閉戶，謝絕一切外人觀看。此業一向被視為秘技之一。清代末年，造辦處的規模已失，這行手藝開始流入民間，開始在琉璃廠掛牌經營了。

250. 打珠眼兒

　　珠花、珍珠耳環、手串兒、珍珠項鍊、珍珠首飾都是女人喜歡的東西。製作這類飾品要把光圓的珍珠打個小孔兒，把絲線從孔中穿過，編製成各式各樣的花色。

　　在珠上鑽孔是一個特別專門的行業。只能由心靈手巧的女人來做。她們一手按著一個針尖大小的小鑽頭，另一手拉扯鑽弓子，全神貫注，才能把事做好。幹這一行大多出在閩、廣沿海一帶的漁家婦女，她們從小就練會了這項手藝。專有行頭穿行於打珠眼兒的人家，向她們散發珍珠和回收加工完畢的珍珠。順便監督質量，依數入帳。再把打好眼兒的成品珠送到珍珠行裏，進一步加工製作。她把加工的報酬領回，如數分發到各個加工戶，自己從中扣除一些「鞋腳錢」做為收入。行頭都是本族長輩擔任，她們辦事公充、千金可託，從無中飽之說。清人孫蘭蓀作有《打珠眼》《竹枝詞》一首：

　　　打珠眼，行業嶄，此錢只合女工賺；大珠當用大鑽頭，小珠須
　　把小鑽揀，小珠大鑽不相容，打得珠兒眼眼鬆，眼眼一鬆哪個喜，
　　要它縮緊不成功。

251. 鐵畫

　　鐵畫是用鐵片鑄成線條，再焊接而成的一種裝飾性的美術作品。其特點是線條簡明有力，蒼勁古樸，別有氣象。其工藝綜合了古代金銀鏤花的焊接技術，吸取了剪紙、木刻、磚雕的長處，融合了國畫的筆意和章法。使畫面明暗對比鮮明，立體感強，在古代工藝美術品中獨樹一幟。

　　鐵畫具有國畫黑白相間的風韻美，也有西畫層次分明的立體感，它的種類很多。有人物木石、山川風景、花鳥草蟲，凡能在紙上畫出來的，鐵畫均可一展其風韻。它是以鐵為墨，以砧為硯，以錘代筆鍛製而成。一般說來，鐵畫劃分為三類。一類為尺幅小景，多以松、梅、蘭、竹、菊、鷹等為題材，這類鐵畫襯板鑲框，掛於粉牆之上，更顯端莊醒目。第二類為燈彩，一般由四至六幅組成。糊以白紙或素絹，中間燃以銀燭，光彩奪目，更為生動。第三類為屏風。多為山水風景、古樸典雅，蔚為壯觀。

　　鐵畫的出現迄今有三百餘年的歷史。發明人係明末清初的湯天池。他有一手鐵工技藝，清康熙年間自立門戶，開始了鐵畫的創作和售賣。時人有詩讚揚：

　　　　何人鍛鐵繞指柔，皺擦點染盡風流。堪將毛錐化麟角，懸之不朽聖人謀。

252. 賣風箏

　　風箏的起源可追溯至春秋戰國時期。《墨子》書中載有公輸般研製木鳶，用來窺探宋城的典故。後來，風箏成了民間的一種娛樂品，製風箏也成了一個行業。風箏製作中，湧現了許多著名的工藝大師。如哈氏風箏，費氏風箏，因風格各異，門派不同，各有風流獨到之處。

　　舊日，在放風箏的地方就有許多販賣風箏的小販。北京崇文門外花市、前門打磨廠、天橋、金魚池一帶，還有專門經營風箏的大店鋪。店中的風箏，大的，有數十節的長龍，一百零八節的蜈蚣；小的，則有掌心大小的連燕、火柴盒大小的屁簾兒，鉅細不一，應有盡有。不僅能掛在廳中或是放在匣內觀賞，而且都能放飛昇空、盡展奇姿。昔日，精品風箏專供王府、大內賞玩；而一般的沙燕、蝙蝠等大路貨，則供應給市民百姓中的愛好者，生意頗為興旺。清代文人褚維塏著有《人境結廬詩稿》，其中有風箏詩：

　　　　槐榆舒綠柳含青，陣陣東風拂面生，最是兒童行樂事，置身簷
　　瓦放風箏。

253. 賣春宮

　　賣春宮，也叫賣春畫、賣避火圖。這行生意淵源已久，從民俗角度來說，不能冠以「傳播淫穢物品」，其罪當誅。自明、清以來，販賣春宮的行街小販，都是夫婦同行，勤勉經營。妻子背著「貨物」，丈夫推銷薦售，言語規矩，神色肅穆，非淫非盜，行不苟且，做的是正經八板的生意。所以，這也是很特殊的一種行業，有著豐富的文化內涵。

　　首先，春宮畫是性教育的一種方式。女孩出嫁時，或母或嫂授以圖冊，囑其讀之，以啟情竇。另外，人們相信，家有春宮一冊，是件大吉大利之物。商家更離不開此物。家家的櫃檯、賬房、棧庫的秘密處，都要放置春宮畫冊，謂之可以「避火」。這就是春宮畫又稱「避火圖」的來由。有道是：

　　　　男歡女愛避火圖，顛鸞倒鳳好自由。入冬也是好買賣，不讓祝
　　融逞風流。

　　此詩為近代作家張笑天所作，見自民國二十年刊行本《都市奇聞錄》。

254. 送皇曆

近人何永沂有《愚人節竹枝詞》一書，其中寫有《送皇曆》一詩：

　　居然戲假能成節，堪令吾徒眼界新。皇曆重掀一頁頁，宮中何日不愚人。

　　皇曆亦稱黃曆，相傳是由軒轅黃帝創制，中國民間又俗稱為「通書」。上邊記有一年的歲時、節氣、吉凶、卦卜，是舊時代人們用以記時、記事、農耕、嫁娶的翻閱查考的必備之物。皇曆編制、印刷原本是皇室的專利，是地方政府出資，責成民間的書坊印製。書成後由地方府、道、縣、鄉逐級派發。依南方鄉俗，每年臘月下旬，鄉約里正便忙著把朝廷最新印製的皇曆，分送到各家各戶，備一年之用。實有興農便民之意。

　　然而年節已近，人們為了酬謝那些送曆書的人，便紛紛拿出些錢鈔、糧米、年糕相贈。但是，自從清帝遜位，民國改制，此俗便已逐漸廢馳，改為商販售賣皇曆了。

255. 裱畫

　　一幅精美的書畫作品，裝裱的優劣佔有極大的份量。常言說：「三分畫七分裱」，儘管有些言之過分，但任何一位著名畫師，都離不開優秀的裝裱師傅。張大千、徐悲鴻都有專為自己裝裱的人，如麥泉、劉金濤等。

　　唐代張彥遠著的《歷代名畫記》中提及：「晉代已前，裝褙不佳，宋時范曄始能裝褙。」但這些裝裱師傅都是專一為皇室服務的。

　　宋、元以降，書畫裝裱技藝開始傳入民間。特別在明、清五百年間，裝裱技藝成為專門行業，在蘇州、揚州、北京、上海、湖南、湖北、開封等地先後出現了許多馳名中外的書畫裝裱店鋪。書畫裝裱品式很多，分為立軸、中堂、對聯、橫披、條屏、通景屏、鏡片、扇面、手卷、冊頁種種，工藝十分繁雜。裱一幅字畫，從調漿、托背、上牆、加條、裱綾、上軸、加簽，要經數十道工序。此外，揭裱、挖補等技術，更非常人可為。因此，學習裝裱很難。學徒三年零一節才算出師。近人蔣敬生作《聽雨窗詩草》中，有贊裝裱師傅的詩一首：

　　　　藝心藝手須雙全，似護天香入玉欄；敢撿殘山取剩水，補懸便
　　可起雲煙。

256. 熟絹

　　絹，是一種絲織物的名稱。畫一幅好的絹本工筆花鳥畫，勾線要挺拔有力，設色要勻潤豔雅。是與畫家們對繪畫工具、顏料和絹進行嚴格選擇有關。用絹寫畫，必須使用熟絹。其特點是比熟宣紙滋潤、細膩比紙結實，可以反覆上色渲染，還可以清洗。有些很淡很細膩的筆痕，皆會在絹上保留下來，以展示畫家精湛的技藝。

　　但是，熟絹比較困難的一種工藝。先要在生絹上刷一層膠礬，膠礬不宜過大或過小，過大則染色不勻；過小則易漏礬，使墨和顏色會滲透絹背，形成花斑，熟絹是一門很講的技術。舊日，大一些的南紙店，都在後院裏自己熟絹。師傅們先用骨膠和明礬依二比一的比例，分別弄碎、研磨，用熱水溶化，調合在一起。如果膠礬質地不純，還要用細布過濾一下。調好礬水後，學徒用大排筆蘸膠礬水，在架上展開的生絹上勻均刷透。待其晾乾以後，卷收起來，方可出售。民國老人李幼芝先生在《雪泥鴻爪記竹枝》中寫有這一行：

　　　　工筆花鳥似天然，巧奪天工實堪羨。能用絲絹托丹青，全仗裱褙會使礬。

257. 裱鏡芯

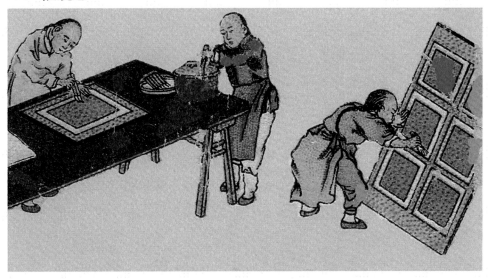

詩人孫蘭蓀曾在《營業寫真竹枝詞》中寫有「裱鏡芯」一行：

古今書畫名人筆，皆為國粹須珍惜。裱畫司務手段精，裱出屏聯手卷與冊頁。人說三分書畫七分裱，京裱蘇裱分外光；裱出多少大名家，蒙得世人濫燒香。

裝裱字畫的式樣很多，分為條幅、中堂、手卷、冊頁、碑帖、楹聯和「鏡心」。「鏡心」也稱「畫片」，四周鑲嵌綾絹，扶背後裝入鏡框。鏡心分為橫式和立式兩種。橫式的裱綾，上下兩條邊大小相同，兩條立柱應比上下的兩條綾邊寬。立式的兩條綾邊相同，天頭要比地頭略大。裝裱字畫的綾絹須經過調色托染。染製色彩要根據畫面色彩的濃淡、繁簡及用途來選擇。

學習裱畫先從托畫學習，托畫學成後，再學裱鏡芯。待裱鏡芯的技術學成之後，方可學裱條幅、中堂、手卷、冊頁、碑帖等。這一切都能掌握了，才能學裝裱古舊字畫。入此行，先要寫字拜師，三年零一節，出師後，還要效力三年。要成為一個好裱褙，不吃苦中苦，難為業裏人！

258. 鋸象牙

　　象牙店裏鋸牙片，柴管淋漓水花濺。鋸開好把各物雕，雕成各物將錢變。

　　這首《竹枝詞》很詳實地描寫了舊白「鋸象牙」的工藝流程。

　　象牙是大象上齶的門牙，質硬，色白，質地細膩，是一種可以雕塑精製藝術品的最佳原料。

　　我國不產大象，原料多從印度、緬甸購入，來之不易，所以十分珍貴。清代的皇帝都喜愛牙雕，從康熙時起，被徵到清宮造辦處的牙雕工匠，就不斷地製造著各種珍品。但象牙質堅而脆，要將它打磨成型並雕刻出山山水水、花鳥魚蟲，談何容易。非獨擅此技的工匠奏刀，外行難以入手。

　　象牙雕刻的頭道工序，就是鋸牙。鋸象牙，亦稱破料。匠人採用的方法十分奇特。如圖所繪，他們在高處置一水罐，罐中貯滿涼水，水從一小孔細細流出，破骨料的匠人用細鋸操作，水流兒正好落在被鋸的骨料上。該水即可降溫，又濕潤了骨料，起到一定的潤滑作用。這樣，被鋸的骨料就不會爆裂，能依照要求、順順當當地割將下來。此技在民國初年便已絕跡。這張小小的煙畫卻詳實地記錄了這一工藝。

259. 刻瓷

　　刻瓷，是在精美潔白的高級素瓷茶具、餐具、文具上，用金剛石刀刻寫書法、繪畫的一種工藝美術。刻瓷所用的特製刀具，是用高碳鋼和金剛鑽石製成，頂端呈錐狀，便於在堅硬的瓷器表面雕刻。刻瓷的風格素雅，講究刀法，既能體現傳統書畫藝術風格，又能保持瓷器表面的晶瑩光潔，形成獨特的效果。最後打蠟，現出輕描淡寫、宛同繪畫的山水人物及花鳥魚蟲。真草隸篆、詩詞歌賦，亦可躍然瓷上，經久不褪，成為一種高雅可人的工藝美術品。

　　若在瓷盤、瓷板上刻畫後，鑲以紅木支架，作為案頭擺設，亦極風雅高致。這種工藝，到了清季已發展到十分完美的程度，從業者眾多，漸形成一個行業。現存最早的刻瓷是清代道光年間的作品。到了光緒年間，北京的書畫家鄧石如、華法等人在瓷器上自寫、自畫、自刻，形成別局一格的藝術品，從而促進了刻瓷業的發展。華法的刻瓷以工筆山水畫為主，以刀代筆，運用自如，並傳授給朱友麟、陳智光等人。光緒二十八年，清廷農工商部工藝局學堂特別開設了鐫瓷科，培養一代新人。朱友麟就是第一屆畢業生。他的傳世作品有「朱硃竹」和「一品紅」等。

　　這張圖畫即是刻瓷師傅正在依照顧客的要求，在其新購買的茶具上刻製書畫。

260. 印年畫

　　過新年、貼年畫，是我國相傳久遠的一種民俗。早在北宋時期，就已十分流行了、孟元老的《東京夢華錄》記載：「近歲節，市井皆印賣門神、鍾馗、桃板、桃符及財門鈍驢、回頭鹿馬、天行帖子。」這些都是年畫的前身。

　　印年畫的版都是由硬木雕製而成的。因此，年畫也稱為木版年畫。畫坊的技師根據畫師所提供的粉本，拓印在木版上，雕成印模。印製過程，則如圖所示，印刷的檯面是兩條案子對接，中間留有一條間縫兒。右案按一定規矩固定雕版，左案夾好一摞白紙，印刷者坐在正中。在印版上刷好顏色，一手翻紙覆於版上，另一手持棕刷刷印。印畢揭開，自案間縫中放下。如果是多色印刷，則將右邊的印版拆下，另換新版，再重新一一印來。直到各色套印完畢，一幅幅精美的畫品就展現人寰了。

　　而今存世最早的單色木版畫，是敦煌的《經變圖》，還有單色印好後，再由人工敷色的《觀自在菩薩圖》。則證明木版印刷已有一千多年的歷史了。

　　清人蔣敬生在《聽雨窗詩草》中有首詩讚揚木版年畫的詩，寫道：

　　　　雕刀豔彩印吉祥，珍版傳承世代藏。印出財神來送寶，趣迎老鼠嫁姑娘。

261. 寫大字

　　舊日商家門首都懸掛匾額，斗大的金字，用來宣傳堂號或店中經銷的產品。大的店鋪可以重金聘請名人揮毫運墨，而小的店鋪則只好倩請小名家或是書匠捉刀了。

　　書匠中，寫大字的這行人文化水平並不高，但模仿力很強。他們原屬漆匠一行，附之於漆匾作坊。平時跟著師傅製作油漆牌匾，多與書法打交道，日陶月薰，逐漸對書法有了一定的鑒賞能力。再加上個人的努力，殷勤寫仿，日積月累，對書法的間架結構、永字八法就有了一定的理解，字也就能寫出幾分神氣。他們的業務，是為商家在牆上書寫些無需落款的尺丈大字，諸如「南北糕點」、「綾羅綢緞」、「乾鮮果品」、「醬醋鹹菜」、「當鋪」、「仁丹」等廣告。在早年還不講究其他宣傳形式的時代，這種文字廣告所起的作用還是無可比擬的。無論離多遠，只要一看就一目了然。詩人孫蘭蓀為這一行作詩道：

　　　　牆上寫字真登樣，任爾家書寫不像。不過間架結構尺寸呆，所以不稱名人稱字匠。

262. 賣碑帖

我國唐代開始採用以碑帖形式來傳播推廣書法。史傳，唐太宗曾布召天下徵集民間的書法收藏。獲得了不少書作精品，本人愛不獨佔，還要遍賜大臣，共同欣賞。於是，他就徵招天下刻石名匠，依書法真品刻石，然後搨成搨片，以贈臣民。

此後，民間傳流、書肆售賣的《九成宮醴泉銘》《聖教序》等等碑帖，都是初學書法者的指導教材。

自古以來，一筆好字是進身仕途的必備技能。以下清人孫蘭蓀寫的《竹枝詞》，從碑帖生意的興衰角度，反映出晚清社會急驟變遷中的一種文化現象。他寫道：

昔人讀書將字習，自幼至壯要臨帖。碑帖店裏生意忙，裱裱糊糊來不及。今人讀書讀西書，寫得字成蝌蚪如。古碑古帖用不著，老師宿儒空欷噓。

新學的興起，自來水筆的普遍應用，書法日漸轉變為一種欣賞藝術。再加上印刷技術的進步，石印、珂羅版的發達，拓帖業也就逐漸萎縮了。一些行街推銷碑帖的小販身著長衫，脅下挾著幾部碑帖，逡巡於文化街中的店鋪之外，遇有斯文行人，主動趕上前去薦售。就地論價交易，也是市井百業中的一景。

263. 賣考籃

　　所謂考籃，即古代讀書人參加科舉考試時，用來盛文房四寶的器具。籃的原意為「大篝也」，「篝」是什麼呢？《說文解字》說：「篝義為薰衣的竹籠」。最早的籃，形如篝。隨著時間的演進，籃的式樣也就越來越繁多。常見的為敞口，四圍有底，配以提梁的長方形或圓形的盛具。考籃，是加上提梁的提盒。以竹編成，約七寸長、四寸寬、五寸高。竹提梁高三寸，精緻講究的，四邊刻有回字紋樣。刻著花草、山水、人物紋飾。籃蓋上穿孔，插上扁銅，即可上鎖。盒子分三層，分別置放毛筆、墨、硯臺、水盂、紙張。據說，還有的考籃內有秘密的夾層，存放考場作弊的抄件。

　　這種考籃之所以風行，是因古代文人士子都要使用。自從隋朝設立科舉制度以來，唐代襲隋制並有所發展。設有秀才、明經、進士、明書、明法、明算等常科。並且頻開科考，到明清兩朝，科舉首推進士一科，而下分童試、鄉試。會試、殿試四級。考試期間答卷、食宿均在號舍中進行。使用考籃十分方便，學人必備。而且考籃的尺寸越作越大了，多達一尺五長、八九寸寬。清末變法維新，廢除科舉。於是，考籃無有了用武之地，逐漸淪為盛飯菜的食盒，小販串街走巷四處喝賣。

264. 賣眼鏡

　　清朝的學者趙翼在《陔餘叢考》中認為：「古未有眼鏡，至有明始有之，本來自西域。」這裡所指的西域不是張騫開闢的絲綢之路，而是指西洋歐洲。

　　隨著中、西文化的交流，西洋眼鏡逐漸進入了中國。康熙年間，劉廷璣在《在園雜志》列舉了不少進入中國的西洋人玩意兒，如風琴、自鳴鐘、千里眼、顯微鏡等等。其中，他認為「最奇妙通行適用者，莫如眼鏡」。

　　到了清代末年，各大城市已出現了專門製作眼鏡的鋪子。戴眼鏡、戴水晶眼鏡、戴平光眼鏡，一時成了時髦的事情。在銷售眼鏡的隊伍中，除了坐店經營的以外，還有很多行街小販。最早是由飯賣香囊的小販們代售，他們把做好的眼鏡放在精美的錦袋、皮袋內，與各種香草袋、香荷包一起提在籃中，或掛在招杆上，向路人推銷薦售。

　　清人學秋氏在嘉慶二十四年出版的《續都門竹枝詞》中，寫到了賣眼鏡一行人的行徑。

　　　　近視人人帶眼鏡，鋪中深淺制分明。更饒養目輕猶巧，爭買皆
　　由屬後生。

265. 擺棋局

宋代文人繆鑒有《詠圍棋》一詩,見自《效顰集》。描寫下棋人互鬥心機的神態,頗為關注。

> 午香簾影靜浮華,對面機心萬里睽。夾騎倒戈窺虎穴,亂烏橫
> 陣占鷗沙。當人不讓爭先著,袖手須饒老作家。欲訪爛柯山下客,
> 洞深春染碧桃花。

擺棋局,則是一樁很儒雅的生意。設局之人多是棋壇高手,因為落拓無聊,而想出的一種生財之道。他們在茶館酒肆、棋迷眾多之處,擺設棋局。局勢看是頻危,或是無救的死棋。但是,若能起死回生、反敗為勝,則可為贏,是一種鬥智鬥勇的賭博遊戲。

茶館、棋社中所擺棋局多為圍棋,在室內,挺文雅;圍觀者亦多是長袍馬褂的知識分子或致仕賦閒的寓公散人。而擺象棋棋局的,則往往在茶棚、廟會等室外喧嘩的地方設局;圍觀者不乏販夫走卒、五行八作的人。搏弈的人可自選一方,且為先手;設局的人為後手應戰。往往三五回合,便成輸贏定局,且多數是搏者敗下陣來。輸贏不大,但換手頻繁,收益所得也算不少。

醫卜

266. 賣跌打丸的

　　賣跌打丸的屬跑江湖賣假藥中的一行。每逢廟會集市，他們就選擇一處最熱鬧的地方，依牆掛上一塊布幔，上邊寫著「山東某某專治跌打紅傷」等語。地下鋪上一塊藍布，布上擺著一排排的三角包，裏邊包著自己配製的藥麵子、藥丸子。有的還在攤上擺著一些假虎骨、假麝香、草蛇、龜板之類的東西，作為配藥的幌子。這行人無冬歷夏，上身脫成光膀子，一邊拉架子比劃，一邊高聲地吆喝：「快來瞧，快來看，我的丸散不一般！不管是刀砍著、斧傷著、車碰著、門掩著，跌打損傷，皮開肉綻，血流不止。敷上止血散，當時長皮肉！吃了跌打丸，保你身板兒全！」。見到圍觀的人多了，他們就使出了絕活兒。從匣子內拿出一把鋒利的尖刀，在自己的大姆指上一割，登時鮮血淋漓，面作痛苦萬狀。而後，打開一包藥粉，用手攝得少許，搽於傷口上，須臾血止。圍觀的群眾當中就有人出面捧場，買上兩包藥，其他人也跟著這位買兩包，那位買兩包，拿回家中備用。不一會兒，幾十包藥銷售一空。

　　清人得碩亭所作作《草珠一串》中有竹枝詞寫這一行人。

　　　　費盡心機混假真，百般奇巧鬥鮮新。名為骨操時時摔，慣向街頭騙傻人。

267. 賣塔兒糖

近人蝸居客曾在《小實報》上發表過一首《竹枝詞》，譏諷賣塔兒糖的小販。寫道：

> 專治蛔蟲塔兒糖，小兒吃了甜又香。管保當晚便奏效，全部蛔
> 蟲屙出腸。

舊社會，飲食衛生條件差，很多的小孩都患有寄生蟲病。蛔蟲就是其中的一種，蛔蟲寄生在小孩子的腸道裏，與人體爭奪營養，並導致多種併發症，使兒童面黃肌瘦，大肚皮、身體虛弱，營養不良。請中醫看病，開的都是些苦澀的中藥，煎好了，孩子怕苦，閉著嘴堅決不喝。到西醫去看，打針，孩子怕痛，哭著喊著不打，弄得大人沒有辦法。

於是，就有高人發明了一種塔兒糖。這種糖是把藥粉和在糖裏面，再加上食物染料，做成寶塔式的小糖塊，有紅有綠，色彩很鮮豔。小孩放在嘴裏當糖吃，也不覺得苦。這樣，糖也吃了，病也治了。此法有時還挺靈。

賣塔兒糖的都是油嘴滑舌、能說會道之輩，他們走街串巷，一見人多就放下包裹、雨傘，手舉塔兒糖，大講妙用。圍觀的婦孺一旦被其言詞所動，他的生意可就來了。雖說不貴，但也有十倍、二十倍的利潤。

268. 賣虎骨

　　虎骨入藥有奇效，主治風濕痹痛、風邪偏症、關節疼痛、肝腎虧損，腰膝痠軟之症。更可以與木瓜、牛膝、五加皮等一起泡酒，日飲一杯，有驅風定痛、強健筋骨之妙用。同仁堂的虎骨酒遐邇聞名，相當有效。

　　因為老虎難獵，虎骨更是獲之不易，所以，它價值向來不菲。用真的虎骨釀製的酒稱為極品虎骨酒，一般都藏於內櫃，售價極高。舊日在大街上也有賣虎筋、虎骨的，他們的衣著都是獵戶裝扮，二人擔著一領虎皮，專到熱鬧的地方招搖過市。一個人的手裏拎著幾根骨頭和一束乾筋之狀的東西，遇過衣著體面有點兒身份的人，就會主動迎上前去搭話。自稱來自關外深山，近日捕得猛虎一隻，已揉成皮革，擔到城中來賣。順便帶了些虎筋、虎骨出來，因為缺少盤纏，想廉價出讓。先生識貨，您拿回去泡酒，有病可以治病；無病可以健體強身，何樂而不為哪！情辭肯切，十分逼真。路人一旦貪圖便宜，買了回去一定受騙上當。

　　民國老人李幼芝作《雪泥鴻爪記竹枝》，中間有一首詩揭露這種騙局。

　　　虎骨虎筋牛皮筋；百年山蔘香菜根；貪心才會上大當，不上當者不貪心。

269. 穩婆

近人林子雄著有《西關集》其中《懷孕》一詩，講述廣州西關故事。

> 未曾足月已張羅，薑醋臨時預備多。慌夠馱埋收命鬼，趕忙搵
> 定接生婆。

穩婆，又稱收生婆，也是舊日民間的一個大行業。婦女懷胎十月，一朝臨盆生產，順利與否，母子命懸一線。不論帝王之家還是平民百姓，無不視為重大的人生禮儀。分娩之前，穩婆也被早早地請來。在她的指揮下，將產房所有窗戶封死，關門掛帳，不得閒人出入，生恐帶進不祥的邪氣。待產婦臨盆時，由助手抱腰，穩婆上手工作。所用的工具，就是隨身帶來的刀、剪等簡單的器具。順產尚好，小兒落地，母親平安。穩婆剪去臍帶，收拾胞衣。用溫水洗淨小兒，包紮好臍帶，抱進堂來，闔家一片歡愉。

如果碰到難產、橫生、倒產，穩婆有經驗，手段高，或可成喜。如若不然，或產婦或小兒只保一個；再不然則母子雙雙難保，可能在一瞬間釀成人間慘劇。所以，舊日人人視穩婆如掌管生死簿的判官一般，生身性命都掌握在她們的手裏。

270. 遊醫

　　遊醫又稱走方郎中。身穿長衫，肩背藥箱，左手執一布招子，上寫「專治一切疑難雜症」，右手搖一串鈴，穿街過巷為人治病。這一行，雖說醫術不高，但在缺醫少藥的窮鄉僻壤，還是不可缺少的。中醫看病，全憑診脈、望、聞、問、切，本已不易。庸醫混跡其中，更會誤診傷人。

　　清朱彝尊在《懷孕》曝書亭集中說：「且夫醫難矣，醫婦人尤難。目不辨病者之色，耳不審病者之聲，只憑方寸之脈，分陰陽、決生死。而庸醫乃敢自信。」《紅樓夢》中有「胡庸醫濫用虎狼藥」一章，講的是這位胡大夫在診治晴雯的感冒時，竟把枳實、麻黃等烈性的藥味，都開入藥中，急得賈寶玉連忙把胡大夫辭去。廢了方子，另請高明了。江湖上的遊醫，根本不管這麼多，只要有錢賺，不論男女，任何病都敢醫治。任何方子也都敢開。總的說來，遊醫的口碑是不好的。其中庸碌之輩，蒙吃混喝的不少，欺世盜名，賣假藥的混混有之，胡診濫斷，誤人性命的虎狼庸醫亦有之。這一行的祖師爺，與坐堂醫生一樣，供奉的是唐朝的「藥王」孫思邈。清人李虹若在《都門吟詠》中有詩說這一行。

　　　　滿城貼報播聲名，世代專門寫得清；蹤愿親朋送匾額，封條也
　　掛御醫生。

271. 祝由治病

　　清人孫蘭蓀在《營業寫真竹枝詞》中諷刺市井中的遊醫「祝由科」。寫道：

　　　　祝由科，出辰州，七十二科妄說他為頭。與人看病不吃藥，只
　　要靈符一道疾便瘥。符籙果然醫得病，自家有病為甚難逃命。就是
　　圓光搖會也騙人，奈何愚夫愚婦偏相信。

　　「祝由科」是一種不用吃藥、乞祝神明治病的方法。古醫書《移情變氣論》
云：「由，從也；言通祝於神明，病從而可愈已。」據說，「祝由科」是上古神
醫苗父的發明，並且留有《祝由十三科》一書傳世。

　　相傳祝由科源於古辰州（今湖南省境內），所以又名辰州法。其方法是書
符念咒，祝說病由，殺鬼驅病，移瘡它物。以祝由科的招牌行醫治病的大夫，
是屬遊醫中的一種。他們肋挾雨傘行囊，穿州過府，一身江湖；遇有集市廟會
或熱鬧街市，找一巷角街隅，支起招子，就算開張。遇有窮漢癡婦迷信之人，
略問病情，便就地畫符焚燒，口中咒語不絕，為之驅疾禳解。一不診脈，二不
給藥，自稱神明護持，病魔自消；囑病人歸家靜養幾日，其病自愈。然後收費
掙錢。

272. 賣草藥

舊日的農村經濟落後,醫療設施全無。大人小孩生了病只能生抗硬頂,熬得自愈,算是命大,脫過一劫。熬不過去的,是死是活只好聽天由命。

近代稍有進步,山裏鄉中經常有遊醫出沒,為人治病。這些遊醫也曾拜過師,讀過一些湯頭歌,略識醫理。多憑經驗,也可以治療一些小兒發莎,老人中暑,頭痛腦熱的小病。如果遇到重疾大病,依然束手無策。

此外,農村中還有些賣中草藥的小販,他們時常出入鄉里。背著籮筐,筐裏裝著各種從山裏採來的草藥,如甘草、益智、王不留行、三棱子、馬兜鈴、荊芥、茯苓、蘆根、竹瀝、茴香、柴胡、山參等,沿途叫賣。遇著病人,也可以充代醫生,也是窮鄉僻壤中無可奈何的現象。不過這一行中,也有身懷絕技的人,他們從小也拜師學藝,掌握一些祖傳秘方,對一些疑難雜症,也有獨道的醫法,甚致達到藥到病除的地位。不少《地方志》中,也有不少對這一行人的讚譽。

清代文人鍾桴作《竹枝詞十九首》,其中有一首寫鄉間賣中草藥的小販。

滌暑除煩說夏枯,般般草藥載輿圖。靈芝夾竹桃難見,只有及山品最腴。

273. 拆字

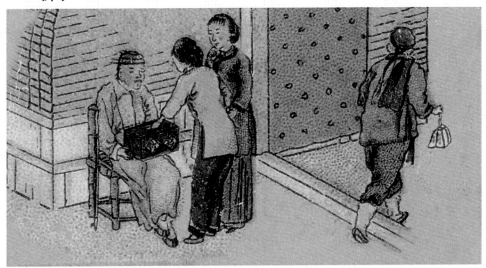

拆字原本是一種文字遊戲。後來，生意人把拆字用到算命營生中去了，通過對一個字的分析、解釋，可占卜測出人的一生運脈和凶吉禍福。拆字的先生一般做的是「解夢」的生意，就事論事，一事一議，比不得測字算命的深奧。

測字的多集中在廟會、集市上討生活；而拆字的就顯得孤僻一些，往往隻身坐在城門洞口，或是比較冷清的胡同口，膝上抱著一個字匣子，守株待兔一般地等待著上門的顧客。這一行的顧客，多是迷信的婦女或孤陋寡聞的鄉下人。例如某婦人夜裏做了個怪夢，不明白是怎麼回事兒，心中疑神疑鬼，一定要弄個究竟。如是，拆字兒的賣買也就來了。她們從字匣中抽出一個字來，再把自己夢中的疑惑，一五一十地向拆字先生說了。未及說完，拆字人已把她的心事套出個十之八九，順勢一解，就把禮金賺到手裏了。

清人定晉岩樵叟作《成都竹枝詞》。詩中提到的胡海山和趙飛鵬都是當年測字、算命的大師。

胡海山原測字清，趙飛鵬算命果精。兩人聲價無人比，冷淡江西劉漢平。

274. 女先生

　　女性稱先生者，往往引來非議。其實先生二字的原意是如父如兄的師長，先我而生者，便是先生。朱熹說：「先生，首生也。所以，敬稱年長有德業者皆可為先生」。早在《金瓶梅詞話》當中，就有稱女人為先生的例證。如女先兒申二姐、女先兒郁大姐屢屢出現。不過，當時都是對盲人為藝者而言的。

　　明人田藝蘅《留青日箚》說：「瞎先生者，乃雙目瞽女，即陌頭盲女之流。」清代李聲振在《百戲竹枝詞》中也說：「瞽者唱稗史，閨人恒樂聽焉，呼之曰：耶先兒爺。」王韜《海陬冶遊錄》記曰：滬上女子之說平話者，稱為耶先兒爺。大抵即昔之彈詞。從前，北方女先兒之流也。」這些盲藝人，既可以走動於大宅門，又可以進入宮廷。當然，出入尋常百姓家更無顧忌了。

　　起先，批八字、看相算命的都是男人們的事兒。他們自命為鬼谷先生之徒，怎麼會有女子入行呢？難道說鬼谷先生還收女弟子嗎。說來也怪，光緒末年，社會上出了不少女先生幹起這樁生意來了。封建時代，男女授受不親，女人常在深閨，大門不出二門不邁。心中偶生迷惑，或是做了個怪夢，或是遇到了一件奇異的怪事，自己百思不得其解。就想請人來剖解剖解。請男先生入室多有不便，請個女先生來就方便得多了。於是，女先生便大行其道。

275. 張天師

清代畫家鄭板橋有《道情》唱「張天師」這一行：

　　　　水田衣，老道人，背葫蘆，戴袱巾；棕鞋布襪相廝稱。修琴賣
　　藥般般會，捉鬼拿妖件件能。白雲紅葉歸山徑。聞說道懸岩結屋，
　　卻教人何處相尋？

　　張天師原是民間傳說中的亦人亦仙的人物，他本領與鍾馗相似，能鎮除妖
魔鬼怪、魑魅魍魎。民間的平民百姓之家若有人生了病，久治不愈，就認為是
妖魔鬼怪入室作祟，纏繞病人難愈，便要請來張天師施法，禳災除魔。

　　張天師一到，披上法衣，戴上法冠，手持寶劍、黃表紙，設擺香案。案上
擺放牛羊肉供、糕點果品，開始替天行道，施用法術，禳鬼驅魔。先用黃裱紙
畫符，噴水念咒之後，用寶劍挑起符紙，對天拜祭，再用火焚化。這種禳鬼除
魅的治病方法，在缺醫少藥的鄉間依然常見。一直在民間流傳。直到民國時期，
政府提倡科學，消除迷信。張天師這一行人才消聲歛跡，淡然消失。

276. 瞎子算命

　　近代作家端木蕻良先生為王羽儀先生所繪《北京風俗圖》中的「瞎子算命」一幀題了一首打油詩：

　　　　瞎子摸象狗騎羊，有眼反比無眼盲。子午卯酉捏指算，流年利害說黑黃。

　　舊日，鄉間城鎮都能見到有盲人帶一明目小童，背弦牽杆遊走江湖，不用人指點就知盲人是個算命師。算命，是這一行人的一樁生計。常言說：「瞎子批八字，有說有唱」。他們算命時，一邊彈一邊唱，唱的都是「水詞官中話」，句句似是而非，模棱兩可，讓聽者自猜自解，自悟自明，算命者不擔任何風險責任。「如兄弟三人，獨木一枝」，「上坡難走下坡溜，避山避水走中軸」等等，這些「生意口」都是一代代從師傅那裡傳下來的。說與任何人、任何事，都可聽可信、中庸無爭。

　　找瞎子算命的，多是鄉間百姓、村夫村婦，既沒文化又少見識。瞎子又說又唱，一會兒就把他們搞得暈暈乎乎，任憑胡說漫道了。有趣的是，瞎子還兼尋失找物。如鄉間老太太丟了戒指一時找不到，就找瞎子來算。瞎子走東家串西家的。自然知道一個老太太的活動範圍。無非是炕頭灶間，桌前缸側。就裝模作樣地屈指一算，順嘴一說，十有九中。老太太不怨自己記性差，反贊瞎子神通廣大。

277. 相面

　　在舊日京城的廟會集市中，人們隨處可以看到相面的。他們身前一張破桌、兩條板凳，牆上掛著一塊布幛，幛子上寫有「鐵嘴算命」、「麻衣神相」等語。或是畫一巨大人像，依五官位置書寫穴道名稱，作為招幌。桌子後面坐著的人，就是相面算命先生。這一行人粗通文墨、能言善辯。平時評論前朝典故、人物得失，引人駐足圍聽。一旦發現有聽得入神者，便轉而為他看相算命，進入生意了。他們根據人的面貌五官、骨骼、體態、氣色、手紋，來推斷吉凶禍福和貴賤壽夭。

　　大凡算命者都自詡為半個神仙，如諸葛亮再世一般。但是，這一行的祖師爺卻不是諸葛先生，而是戰國蘇秦、張儀的老師鬼谷子。鬼谷先生著有《鬼谷子》一書，專事縱橫揣摩之術。相面算卦這一行也全在於揣摩人的心理變化，鬼谷子便是這一行的開山始祖了。這一行中，得意者能建堂設館、出入豪門巨室，鼓簧弄舌，發財獲金。但大多數業者騙財無門，失意落拓，飄零市井，如行乞一般。還落得被人譏笑的名聲。清季有《竹枝詞》云：

　　　　麻衣柳莊鐵關刀，江湖自稱相法高；能知富貴與貧賤，能識窮

　　通與壽夭。

衛生

278. 澡堂子

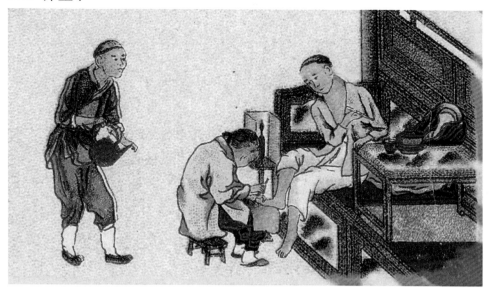

公共浴室這一行興於唐代。唐代詩人謝宗可有《浴堂》一詩可以證實此斷語。

> 香泉湧出半池溫，難洗人間萬古塵；混沌殼中天不曉，淋漓氣
> 底夜長春。波濤鼓怒喧風雨，雲霧隨陰護鬼神；卻笑相逢裸形國，
> 不知誰是浴沂人。

古人提倡經常洗浴，在理論上已把它提到立身處世的哲學高度來看待。《禮記》有「澡身浴德」之說。也就是說：「澡身，謂能澡潔其身不染濁也；浴德，謂沐浴於澄，以德自清也。」是把洗浴與道德修養相提並論，足見古人對於個人衛生重視的程度。因此，每逢隆重的禮儀大典、婚喪嫁娶、生辰壽日、待客迎賓，上自天子，下至黎民，都要沐浴淨身，以示鄭重。

但千百年來，我國關於洗浴設施的情況甚少描述和記載。唯南宋吳自牧的《夢粱錄》有所記述。宋代洗浴業稱為「香水行」，明代則稱「混堂」。北京出現公共浴室較晚，公認前門鐵樹斜街的「一品香」，是近代公共浴池的鼻祖。其開業於清同治年間。浴池服務也很周到，有茶食、有措澡的、捶背的、修腳的、掏耳的一應俱全。

279. 取耳

　　清人蘭陵憂患生也有《竹枝詞》一首，寫《取耳》一行：

　　　　牟利各行有秘傳，剃頭鋪子最新鮮；要他不惜工夫好，給了活

錢又酒錢。

　　扒耳朵，又稱淨耳、取耳，也就是取耳垢、取耳繭。在日常生活中人人都
會長耳繭，耳繭積多了，會影響聽力，會積穢發炎。剃頭師傅取耳是在理髮完
畢，對著光線，一手將一耳耳廓拎起，另一手操剃刀將內外耳廓、耳邊，刮上
一遍。然後換一把五寸來長、又扁又窄的小刮刀，深入耳內，不深不淺、恰到
好處地刮淨耳中四壁。再用一個有一絨毛小球的竹籤探入耳孔，清出耳內污
垢。再用一支尖銳的小槍頭狀的鐵籤深入耳底，刺探耳繭，使耳繭鬆動脫壁，
換用耳挖勺掏出耳繭，做完一隻耳朵。換了方向，再做第二隻。雙耳做完，師
傅去掉苫布，拍打後背，算是打理完畢。

　　舊日剃頭挑上都掛有「朝陽取耳」的字牌，指的就是此道。以上所引的詩
係晚清蘭陵憂患生所作《取耳》詩，見自《京華百二竹枝詞》。詩後有作者的
小注云：「俗謂剃頭為做活，剃頭錢因名為活錢。如到鋪中剃頭，必需給活錢
外，另給酒錢，方不致草草了事。緣活錢為鋪掌例得，酒錢則剃頭師傅自有。
牟利之法，可謂一舉兩得。」

280. 插戴婆

　　婦女治容，自古是婦德的一個重要的部分。從古至今，女人的美容、化妝，是日常生活中不可缺少的功課。古代的小家碧玉、平民婦女都是自己梳理；而富戶人家的太太小姐們的梳妝，則有丫環婢女服侍了。在人生大典中，如婚嫁，參加盛典，婦女美容更要講究。其中有一項目名曰：修面。修面，就是拔淨顏面上的汗毛。要拔掉這些細小的汗毛，不能用刀剪、鑷子，而是用絲線絞拔。因之俗稱「絞臉」。

　　絞臉，是一種專門的技術，需要精於此道的人來做。會絞臉的婦人，她們把一根長長的絲線，折成雙股對頭，用手搓拈，而後交叉纏於十指之間，再將此線壓在修面人的臉上來回滾動。這樣，臉上細小的汗毛就被絞到絲線上，一邊滾一邊上下提起，汗毛便被拔出。如此反反覆覆，顏面就修得精光。膚潔如玉的女人會更加美麗漂亮。會做這些事的婦人，多是由外邊請來的喜娘。這些喜娘，經常出入豪門大戶內室閨閣，見多識廣，能說會道，都是處世老道的婦人。她們憑藉這些技術，以此為職業，也可以稱她們是舊社會的美容師。晚清孫蘭蓀有詩云：

　　　　喜娘剃面不操刀，只將佈線拔毫毛。手輕贏得閨人喜，毛面開
　　光白更嬌。

281. 賣火繩盤兒香

　　魯迅有詩云「萬家墨面沒蒿萊」，其中的「蒿萊」二字指的就是鄉間荒地上長的蒿子。蒿子是一種野生植物，荒郊野嶺長得比比皆是，待其長到齊腰高時，農人把它割下來，曬乾，生火做飯，當柴草燒。蒿子長得矮小鮮嫩時，天生有一種辛辣的氣味，蚊蠅都避而遠之。正因為它有這種效能，人們就利用它來驅除蚊蠅。每年夏秋之交，四鄉百姓就把鮮嫩的蒿子割下來，晾得似乾不乾的時節，把它搓成拇指粗的繩子。繞成尺來長，一把把的。五把為一束捆在一起，名為火繩。挑到城裏去賣。為夏季驅蚊散味之用。

　　賣火繩的還有一項生意，就是順便帶賣盤兒香。製作盤兒香的是一種白蒿子，它的氣味比一般蒿子重。小販把它晾乾，搗成粉末，再兌入米糠和樹膠，和成一種膏狀的藥坨子。然後，再用竹筒子壓出細香。趁香柔軟時入槽兒盤成螺紋盤兒狀。晾乾後，名為盤兒香。這種香用的時候，將一頭兒點著了，讓它徐徐燃燒，一盤兒可以燒到大天明。蚊蠅遠避，人們可以睡上一宿安穩覺。這種製品既經濟又方便，比起火繩可就強多了。頗受平民百姓喜歡。清人周瀚有「蚊香」詩：

　　　　蒹葭灰飛氣未涼，春初臘底爇蚊香。桃花穠豔舒人眼，天遣寒
　　威化小陽。

282. 套狗

　　舊日都市之中，居民大多養狗。富裕人家養狗視為寵物。而市井平民人家養狗，多是為了守夜、防盜。清季，連年的兵荒馬亂，民不聊生，因為家中生變或主人棄養，城中沒主兒的野狗很多。這些野狗成群結夥、流竄街頭，拉屎撒尿，無端狂吠，不僅影響市容，瘋狗橫行，亂咬行人，會傷害婦孺，傳染疾病。尤其二八月，野狗發情，長街亂交，揮之不去，成了都市一大隱患。

　　自清以來，撲殺野狗的工作一直列為市井巡捕的責任。每到春、秋二季，野狗繁殖期間，最容易滋生事端。這些畜生不擇時日的野合，更是有礙觀瞻。遂由管片的巡捕出面，雇用專門會捕犬套狗的人，推著籠車，上街捕殺野狗。久而久之，城市中就出現了套狗專業戶。這些專業戶都是韓籍移民擔當。每到捕狗時節，地方上都叫他們上街套狗。套得的狗大多送入專賣狗肉的湯鍋，也是一筆不小的收入。清季文人寄廬散人在《新聞報》副刊，刊有《屠狗》詩：

　　　　大多不屑屠狗夫，奈何野狗實堪屠。一身癩痢傳疾病，時有傷
　　人傳帝都。

283. 清潔夫

　　舊社會城市衛生向是一團糟糕。西人有一部《帝都見聞錄》描述了都市街道，中間高於兩側，用來人走車過，多是由居民燒過的爐灰墊成。路中間夾雜著許多垃圾，大風一吹，碎紙污物滿天飛。路的兩側是排水明溝，裏邊污濁不堪、蚊蠅麕集。大雨一下，污水橫流，四處惡臭，路人莫不掩鼻。

　　清代末年，清整街道的衛生歸地面的巡警衙門管理。每年春秋兩季，由他們雇用游民打掃打掃。平時也就不管了。民國伊始，政府開始重視此事，傚仿租界的方法，由地方警察局下屬的衛生稅務處直接管理。這項事務之所以由衛生稅務合署經辦，是因為清潔市容的費用全出在稅收之中。

　　清潔夫這項工作，多數由城市貧民、逃荒農民或失業人口擔任。他們身穿有文字標記的工作服，或是有「清潔」二字的號坎，在鬧市打掃街道，清掃廁所、運送垃圾等骯髒、笨重的活兒。彼時就是最熱鬧的地方都沒有公用廁所。據齊如山先生在《故都瑣談》講，北京大柵欄一整條街也沒有一個廁所。行路之人一旦內急便鑽進胡同裏解開褲子就解手。太陽一落山，同仁堂老藥鋪的門前就成了公用廁所，屎尿橫流。老掌櫃迷信說：這都是金屎銀屎，有富來財，輕易不讓掃除。

284. 賣耗子藥

　　舊日城鎮街巷胡同中，一到傍晚的時候，時不時地會傳來一聲聲的吆喝：「賣耗子藥啦——，耗子藥。」聲音低啞淒慘，使人聽了一陣堵心。假如出門去看，你會見到賣耗子藥的小販，身著舊衣，頭戴氊帽，手執一尺多長的竹杆，杆上倒弔著七八隻死老鼠，大的、小的、黑的、灰的死老鼠好不瘮人。

　　要消滅老鼠，就需要有效的好藥。古人缺少科學知識，用的是砒霜。把砒霜拌入食物中，可以毒殺老鼠。但是人若誤食，也會命歸黃泉。所以，賣鼠藥的藥包總是用大紅紙包裹，為的是提醒買家注意，不要與它物混雜。

　　清代畫家孫蘭蓀在《營業寫真竹枝詞》中寫了一首《賣老鼠藥》的詩。這首詩雖言語俚俗，卻言此及彼，借題發揮，對社會腐敗之流弊極盡針砭，一副憤世嫉俗的口氣。

　　　　鼠子覓食可惡毒，亂齧器物與衣服；市中有藥能斃爾，更比狸
　　奴捕爾速。我聞倚勢害人之人曰社鼠，社會受毒不下汝。何妨人人
　　予以藥一包，以示鼠輩難饒恕。

285. 刷馬桶

　　在我國的歷史典籍中，對廁所的記錄和描述少得可憐。大概都像《水滸傳》中魯智深和《金瓶梅》中的胖丫頭所使用的茅廁一樣，是糞坑、糞池、溲缸之類。學者周谷城先生在一九三三年曾寫過一篇短文，他說他有一個夢想：「未來中國首要之事，便是：人人能有機會坐在抽水馬桶上大便。」這話說得是多麼的實在！但是，在這一理想尚未實現之前，清除糞便的工作還是落在糞夫身上。

　　糞夫是無人重視的一種「賤」業，他們挨門挨戶地清理廁所，洗刷馬桶，把居民排泄出來的屎尿肩出城外，售給糞戶。糞戶在化糞池中將這些屎尿發酵，再摻上黑土、秫秸末，攤成糞餅。曬乾後，當成肥料賣給農民肥田。

　　民初名士程康在給陳師曾繪的《北京風俗圖》中《糞夫》一幀，題詩云：

　　　　攜瓢荷桶往來勤，逐臭穿街了不聞。莫道人過皆掩鼻，世間清濁久難分。

286. 修馬路

　　馬路，是 18 世紀英國工業革命期間的發明。蘇格蘭人約翰‧馬卡丹設計了中間高、兩邊低的柏油「馬路」，為迅速發展的英國工業和貿易往來，提供了方便條件。人們特意取用設計者的姓氏，稱之為「馬路」。

　　外國租界在華的設立和建設，對城市的改造起到了示範的作用。道光年間的廣東沙面、上海的英租界、北京的東交民巷所修建的馬路，在結構和材質上都有了很大變化，開始使用礫石和沙料夯實，在滲水層上鋪磚石，兩側加修下水道。這樣的馬路平整光潔，堅實耐用，已具備了現代道路的基本要求。

　　以上這幅煙畫反映了清末修馬路的情況。修路工人用大碾子滾壓礫石，已成了必須的工序之一。民國初年，在穗、滬、武漢、南京、北京、哈爾濱等大城市中，已出現了專業的修路隊伍和管理機構。

　　光緒三十年的老《申報》上有佚名作者暗恨生，寫有《馬路》詩：

　　　　　石子渣灰壓成路，褐石翻疊作陡牆。從此黃塵變平鏡，污泥濁
　　水盡掩藏。

287. 灑水車

　　民國初年，我國各大城市日益繁榮，商事通達，人群熙攘，車水馬龍，唯市井道路大多還是土路，車馬過後，塵土飛揚，行路甚感不便，市容也頗礙觀瞻。在政府的提倡下，地方參事會提議，由商鋪攤捐，由馬路工程局會同警察分局負責土法上馬，製造灑水車，裝載井水，在無雨時節，每日上街灑水數次，有效地減少了塵土飛揚。

　　彼時的灑水車，是由城中鐵匠鋪的匠人用木材、竹筒、鐵桶等簡單的器件，裝置而成，水箱後邊的竹筒（後改為鐵管）上打上一排出水孔，前邊用馬拉著走。水門一開，水從孔中飛濺而出，把乾燥的馬路淋濕，減揚塵，調節了空氣。同時，也引來了一群群的孩子們，隨車追逐，弄水嬉戲，好不熱鬧。在當時，也算得上一椿新奇的趣事。

　　清代詩人何賓笙題《北京風俗圖》有詩云：

　　　　十日有雨爾閒娛，十日不雨爾街衢；買臣有妻爾獨無，奚為呼

　　汝潑水夫。

回收

288. 換取燈兒

巷弄悽惶換取燈，錙銖微利賤且輕；些小一匣藏天火，為君迎來光與明。

　　這是李幼芝先生寫的一首《竹枝詞》。換取燈兒的，是收廢品、收破爛行中的一種。多是窮苦婦人或老弱男丁操此業。他們肩挑一副破竹擔或是背著一隻破筐，踽踽而行。邊走邊拉著長音吆喝：「破爛兒要要，換取燈兒要要」。這種收破爛的方式，是以物易物。用於易貨的物品之微，僅一兩盒取燈兒。所易之物，除了破鋪陳（即爛布）、爛紙，連一丁點可用的家什都夠不上。盡是連打鼓的都不願意收的廢物。其物微，其利薄，操此業者實在是窮途末路的苦人也。他們收上來的廢紙，積攢起來一總賣給造紙廠，打碎漚漿，生產「還魂紙」，也就是包裝紙或手紙、草紙。收上來的碎銅爛鐵、玻璃渣子，送去回爐再造，變廢為新。爛布就送去打袼褙，納鞋底，各派用場，一無所棄。

289. 揀爛紙

蔡倫造紙費神功，遂使教化普天穹；寸紙如金應珍愛，說與兒孫勿看輕。

這是近代詩人李幼芝先生寫的一首《課孫竹枝詞》，告誡晚輩要珍惜紙張，不要無緣無故地糟蹋浪費。記得兒時，每天都在祖父的嚴格指導下練習寫大字。祖父只給一張一尺見方的元書紙，要求將紙寫滿之後方可丟棄。他說，在我們的老家河北青縣歷代流傳著這麼一種風俗，就是「敬畏字紙」。如果用帶字的紙做「宮門抄」（即出恭用的手紙），或是用來包穢物、包葷腥、都是對聖人孔老夫子和倉頡老先生的大不敬。這樣做會受到神靈的懲罰。當然，這是恐嚇孩子們的話。但大人們也都深信不疑，不敬重字紙會遭報應。祖孫三代都會識不得字。他說，本村有位老秀才視紙墨如金銀，無論是大人、孩子們寫過字的紙，還是破書、廢本的爛頁、舊信箋、舊賬頁、破皇曆、破報紙、爛對聯、被人丟棄的爛紙，他只要見到定然拾起，集得一堆，一一展平，捧到鄉塾的至聖先師的牌位前揖拜，口中念念有詞。點火焚化。年年如此，日日如此，直至光緒三十年始歿。年高九十有六。在他的感召下。四鄉村民認字的、不認字的，全都仿傚，連清晨遛彎拾糞的莊稼老漢拾到字紙，也都揣到懷裏，帶回村塾焚化。淳樸之情，一時蔚然成風。

290. 打鼓兒

　　打小鼓，是這一行的幌子。業者左手擎著一隻寸方的單皮小鼓，右手用竹槌子啪啪一敲，人們就知道收舊貨的來了；打鼓的專門蹓門坎兒、串胡同，在巷間里弄向婦孺兜攬買賣。他們挑著兩隻破筐，是他全部的家什，不論什麼東西都收，這兩隻破筐也什麼都裝。

　　打鼓的這行人文化都很低，也不識貨，就是收到了價值連城的東西，也當廢紙賣了。打鼓的交易下家，層次也就更低了。言外之意，這一行只有微末小利，是一種不入流的生意。

　　齊如山先生說，打鼓的這一行看似單幹戶，但實際上他是有組織，有行規的。「譬如某人售物，與一打鼓人交易不成，則再來者給價必定還小於前者，再來第三者，則價錢更小，蓋彼等皆有約會，是其不正當之鬼蜮伎倆耳。」其實，這也是此行的交易辦法，知道賣主兒急需售出換鈔急用，打鼓的必乘其危低價收購，方才有利可賺。

　　近代作家端木蕻良為王羽儀先生所繪《北京風俗圖》的一首題詩。寫道：

　　　　小鼓聲聞深巷中，破筐能把泰山籠，半文買下蘭亭序，轉眼賣
　　與豆紙翁。

291. 換胰子的

　　換胰子的也收破爛的一種，也是舊日城市貧民的生意之一，它比拾破爛的、拾荒的稍微強一些。因為，拾破爛是「無本生意」，白拾白揀；而收破爛的大小是個生意，有買有賣，多少還是要用些本金的。

　　收破爛的自身穿著破舊，大多都補著補丁，但都洗得很乾淨，不骯髒。因為，這一行大小也算是位買賣人。肩上挑的筐很破舊，但十分結實。他們一路吆喝著：「破爛兒，我買——」，聲音沙啞悽楚，分外悲涼。收購的皆是住家什戶中廢棄無用的東西，如：破書、破本、廢銅爛鐵、破鞋爛襪、舊瓶子、碎玻璃、破桌子、爛板凳、破鍋、漏壺，橘子皮、碎骨頭種種多餘之物。橘子皮、碎骨頭有何用？有用，積少成多，橘子皮可送到藥鋪製作陳皮入藥，碎骨頭可以送到飼料場製造骨粉。因為所收之物原本就不值錢，索性「以物易物」給塊胰子。就派生了這一行。

　　清代文人蔣騰叟在《首都雜詠》一書，有「換胰子」一詩：

　　　　尖細聲呼喚取燈，背筐老婦串街行；破鞋爛紙皆交易，多少窮
　　黎藉此生。

292. 收鍋底灰

　　宋代大詩人蘇軾有《製墨錠》詩一首，說明彼時製造墨錠之不易：

　　　　書窗拾輕煤，佛帳掃餘馥。辛勤破千夜，收此一寸玉。

　　此詩原題《歐陽季默以油煙墨二丸見餉各長寸許戲作小詩》。講的是古代「集煙成墨」的事。

　　宋趙彥衛的《雲麓漫鈔》也有一段文字，講燒桐油製造高級油稇墨的過程：「邇來墨工以水槽盛水，中列盆碗，燃以桐油，上覆以一碗，專人掃媒，和以牛膠，揉成之，其法甚快便，謂之油煙。」這裡是講的油煙墨質優價昂，僅供有錢的文人使用。

　　舊時，有一行人，走街串巷把普通人家的鍋底灰、鍋煙子收集起來，賣到製墨的作坊，收些錢鈔養家糊口。製油墨的作坊把收來的黑灰，倒入墨池，再摻入漆、膠之屬，揉製墨錠。只不過質量低劣，但價格便宜，學生們買去練字，也湊合著用。製油墨的作坊還用鍋底灰調製油墨。當然，這種油墨很差勁，一摸兩手即黑，只能印草紙或木匠打墨線之用。隨著時代的進步，好的松煙油墨越來越便宜；自來水鋼筆越來越普及，鍋底灰就越來越沒用了。

治安

293. 更夫

　　古時，民間市井出面廉價雇傭窮漢巡更，兩人一班，各承包一定的區域。待更鼓過後，一人提著一隻燈籠，一手執鑼，另一人手執一個竹製的梆子，按一定的節奏敲著，穿街過巷徹夜巡行。一是向熟睡的人們通報時辰，另外負有「警惕燭火」、「提防偷盜」的保安作用。入夜後，他們一邊敲梆子，一邊提醒人們「小心燭火」，深夜則代為住戶人家關照門戶。不管春夏秋冬，颱風下雨，夜夜巡行於街堂里弄之中，責任不小，但收入甚微，苦不堪言。

　　明代，巡更這一行歸於丐幫，多是老弱病殘的窮人充任。到了清朝，滿人為了加強管理，便從治安緝盜方面強調巡更的作用。巡更的就成了衙門捕快的底線，他們的工作和發現的線索，均直接對捕快負責。至此，巡更的也就多用身強體壯、手腳麻利的警覺之人，待遇也就提高了一些。

　　《春明采風志》上佚名作者撰文稱：早先步營雇乞兒作梆夫，行則結隊。官府為了避免夜長偷盜滋事，暗囑將三更打為五更，謂之「催燈梆」。他在詩中寫道：

　　　　官廳雇乞夜打更，一梆一鑼結隊行。為避長夜生閒事，暗囑三
　　更打五更。

294. 保鏢

京劇《盜御馬》中黃天霸有一段〔西皮搖板〕唱道：

　　　　保鏢路過馬蘭關，一見此馬喜心間。無有大膽的英雄漢，不能
　　夠到手也枉然。

　　這段黃天霸唱的戲詞，經名伶譚鑫培一唱而紅，幾成流行歌曲，傳遍大街小巷。劇中黃天霸就是一位有名的鏢師。

　　舊時，政府勢微，社會混亂。匪盜蜂起，各踞山頭，稱霸一方。因此造成交通不寧，商賈客旅，人貨都失去了安全，保鏢這一行業就應運而生。

　　鏢局自是一行的生意。鏢局有自己的鏢旗、鏢號和自聘的武師。受人錢財，為人包運輜重，跋山涉水，長途輸運，人貨安全、萬無一失。後來，隨著社會生活日益複雜，鏢局承擔的工作越來越廣泛，不但將一般私家財物承接保送，地方官府上繳的稅賦、餉銀亦靠鏢局運送。鏢師不但武藝高強、為人正直，還要懂得江湖上的行規和唇典，還要善於同各色綠林人物打交道。走鏢時，如果發現路間擺著荊棘條子，就知道前面有事了，必須作好準備和劫路人見面。如果攀上交情，彼此認同一家，便可順利通過。否則，就只好刀兵相見了。

295. 稅丁

　　自古以來，封建王朝和龐大的行政機構的歲費開支，均來自對商戶百姓的稅收。而稅收的名目和收費標準一向是五花八門，名目繁多。正因為缺乏規範和有效的監督，亂收費、濫收費的現象便相伴而生，成為中國古代社會的一種痼疾，平頭百姓叫苦不堪。

　　到了明代，政府對人民徵繳的苛捐雜稅已不下千種之多，黎民百姓簡直無法生活，民生凋弊、怨聲載道。政府收稅的重任就派在各省地稅官的身上，由他們督辦執行。常言說「三年清知府，十萬雪花銀」，再清廉的官兒，依然要購房置屋、內室藏銀。上方如此貪污，吸稅的稅丁更是競相效尤，貪得無厭，打著官府的招牌，恣肆市井，敲詐勒索、肆無忌憚。

　　在舊社會的現實生活中，幹稅收這行的人從來都聲名狼藉、為人不齒。稅丁們仗勢欺人、胡作非為，形成社會成見。使得城鎮鄉村、市廛各業對這一行人都表面隨和，背後莫不髮指。

　　清代文人陳蝶仙所作《稅丁》詩，出入《拱宸橋竹枝詞・瓜山新詠》一書。

　　　　暗取規銀不號捐，微官也許掌微權。民舟盜舫輕輕放，不放過
　　門跳板船。

296. 華捕

清人陳蝶仙在《拱宸橋竹枝詞》還有一詩寫《華捕》即華人捕快：

　　紅纓帽子寶星裝，藍布上衣四角鑲。一尺木槌閒在手，流氓不
管看吳娘。

　　巡捕這一行在我國出現得很早。《新唐書》中即記有：「亭戶冒法，私鬻不
絕，巡捕之卒，遍於州縣。」巡捕的設立，就是拿匪緝盜，衛護治安。

　　清人入關之後，承繼了明朝的制度，在京師設有巡捕三營，乾隆年間增至
五營，巡達千人之數。掌京師巡防治安事宜。他們的工資待遇，「巡捕三營，
馬兵月給銀二兩，步兵一兩，皆月米五斗。」一概由步軍統領統制管理，執掌
護衛、偵緝、緝捕人犯之職。

　　19 世紀中葉，穗滬開埠，五口通商，各國租借地如雨後新筍。為了治安
與租借地中的西人巡捕有所區別，華界雇用的巡捕遂稱華捕。不過，由於政治
腐敗、吏治不清，作為最低一級的統治工具，也就出現了「該管的管不了，不
該管的瞎管」的局面。抓小偷、對戶口、清理市容、野狗和向老百姓收捐、攤
款，都成了這一行的日常業務。

297. 巡警

　　巡警的稱呼是從「巡捕」一詞演化而來。巡捕在我國出現較早，也稱捕快。在明清政府省縣衙門當中均有巡捕的編制，巡警的叫法，最早起於 19 世紀中葉。上海開埠後，上海道為了避免「華洋雜處」，平和經常出現的糾紛與衝突，於 1845 年與英國領事簽訂了《上海租地章程》。章程規定：在每個租界內，均可組建由二十人組成的「更夫衛士」。除夜間巡視外，還要負責地方的治安。

　　1854 年 7 月 11 日，租界地在成立「工部局」的同時，成立了警察局。根據當初的條約規定，外僑都享有特殊待遇的「治外法權」。洋人在中國犯了罪，中國政府無權處理。但中國人若在租界內犯了事，巡捕便有權緝捕、拘審、懲治。當年，這些外國巡捕驕橫傲慢，操槍持械，不可一世地巡行在租界裏，有的地方還設立了」華人與狗不得入內」的禁區。國人敢怒而多不敢言。

　　清代文人陳蝶仙在《拱宸橋竹枝詞·瓜山新詠》中有《巡防局》一詩。寫道：

　　　　添設分巡與總巡，差丁都似虎狼軍。長枷大板無他用，一注人
　　情辦一人。

298. 獄警

　　在歷代封建統治時期，我國的監獄是十分一恐怖和黑暗的。一個人犯了法被判入監獄，基本上是有去無還，九死一生的。監獄不僅生存條件極差，而且獄卒可以任意虐待犯人，動不動就施以歐打、餓飯，極盡折磨犯人之能事。

　　中國監獄的改革和制度的逐步的現代化，是由上海開埠後，英法租界開始的。1865年，英國駐上海領事在租界內成立了「領事法庭」，並在廈門路建立了法庭監獄。20世紀初，改建為提籃橋監獄。該監獄設施精良，依法行事，時有「東方的巴士底獄」之稱，負責英國在華僑民的司法處理和犯人監禁。從而，把西方先進的司法程序和監獄管理制度引進了中國。

　　獄卒，在新式的監獄裏稱為獄警。監獄推行了西方較現代化的管理制度。設立了放風、醫療、探視、通信等制度。廢除了肉刑、餓飯等虐待犯人的懲罰。同時，要求獄警奉公守法、警紀嚴明、著裝整齊、工作有序，使人一見頓生肅穆之情。

　　清代文人陳蝶仙在《拱宸橋竹枝詞・瓜山新詠》中有《巡捕房》一詩。

　　　　風流罪過苦相尋，漫說西人法律森。自有洋蚨能買放，捕房虛
　　設到於今。

乞丐

299. 要飯的

　　乞丐，亦稱「乞兒」、「乞棍」、「乞婆」、「花子」、「叫花子」，是以乞討求食為生的一個特殊群體，這一行可以說自古有之。乞丐的群體結構十分複雜，其中確實有因為肢體殘障，失去了勞動能力；或是家庭破敗、貧病交加、完全失去生活依靠的人；或是孤苦棄兒，鰥寡無依，只得靠人施捨賴以為生者。

　　此外，還有許多游手好閒的無賴流痞，他們好吃懶做，充雜其間，成為惰民一族；更有些流氓痞棍、逃犯流賊混雜在內。還有奇怪的現象，一些農村中的農民，在冬閒無事之時，全村成幫結夥地外出乞討，賴以增加收入，竟也成了傳統慣例。若逢旱澇年景，乞者更眾。

> 　　錢財萬貫奉菩提，火化成灰尚信迷；盞乞一文略施捨，路旁饑
> 婦抱兒啼。

　　此詩係清代文人友石子所作，見自《京都新竹枝詞》。詩中寫了社會的貧富不均，有錢人把錢財萬貫化成灰燼，而路旁的乞丐空腹在啼饑號寒。這種景象在舊舊都的街頭巷尾隨處可見。

300. 叫街的

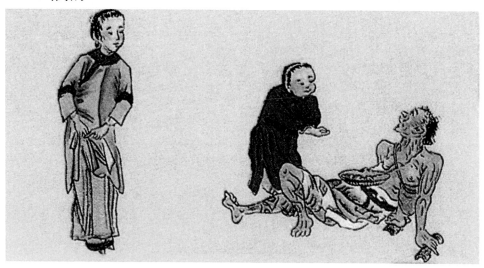

　　舊時，有一種乞丐不登門討飯，只在街上呼喊求乞，謂之「叫街的」。這類乞丐大多身有殘疾，癱患、半癱患、或是斷臂、拐子、或是雞胸、駝背，行動不便、語言不清，或是患有呆傻、瘋癲等病。常年赤身露體、蓬頭垢面、一身污穢。一見人來，就做出萬分痛苦的狀態，齜牙咧嘴地胡喊亂叫，乞命乞性地求人憐憫施錢。因為他們長期盤踞巷頭街口，逢人即叫：「老爺太太行行好──，少爺小姐行行好──，可憐可憐我這苦命人吧！」聲音有的嘶啞如啼，有的氣大聲宏，所以，人們都管這種乞丐叫作「叫街的」。

　　這類乞丐多是鰥寡孤獨、殘病可憐之人。但是，作為一種乞食手段，其中也混有不少假殘疾，假偏癱、假拐子、假瞎子。甚至於一些無賴之徒、游民、惰民，故意把身體的某處弄殘，儕身為伍，終日哀嚎，以為這樣乞食比其他的方式來很更快，收益更多。

　　清末名士程康曾為畫家陳師曾所畫的《乞丐圖》題詩。

　　　　垢鎖蓬髮逐風霜，乞食披塵叫路旁；此去回頭君莫笑，人間貧富海茫茫。

301. 耍長蟲的

　　近代文人楊曼卿在《天橋雜詠》中描寫了「弄蛇行乞」這一行人的行徑。

　　改裝的事說仙家，手打銅鑼口吐蛇。笑爾卻無點金術，且憑蒙
事作生涯。

　　長蟲是蛇的一種，性溫易養，不生毒牙，屬菜蛇一類。耍長蟲是舊日街頭乞丐為了乞食而玩弄的一種伎倆，也可以說與印度弄蛇人一樣，是一種民間技藝。耍長蟲行乞的人，往往獨坐在鬧市的一角，背靠著山牆，面向街道，雙手團弄著一隻竹簍。待到人們聚攏圍觀時，他便打開竹簍，口中念念有詞。口稱：「龍來龍來，四季發財，龍來龍去，財源永繼」。一會兒，一條大長蟲就從竹簍中探出頭來。耍長蟲的就開始有節奏地拍打手掌唱起歌來。這條長蟲似乎極有靈性，一邊和著節拍搖動，一邊往外蠕動身軀。在耍長蟲的指揮下，它點頭彎腰，左右盤旋，十分有趣。當耍長蟲的看到觀眾不斷增多，就終止鼓掌和唱歌，把長蟲藏入簍中，開始張手要錢了。

　　有時，他要不到錢，就伸手又把長蟲拎出來，向圍觀的人舞來蹈去，似乎有隨時被咬著的可能。為了盡快脫身，那就拿些錢出來。「破財免災」嘛！

偷騙

302. 小綹

這張圖畫表面上畫的是賣耳挖勺的。但,作者著墨點在於一旁正在行竊的小綹。他趁顧客舉手挖耳不經意的時候,掏走顧客懷裏的錢包。小綹,讀音為xiao liu。是對小偷、小竊這一行的俗稱。

專事偷盜的竊賊,自古有之。技藝高超的,如「雞鳴」、「狗盜」之徒還得到孟嘗君的禮賢,與詩書文墨之人同等享受「食客」的待遇。次之,如三盜九龍杯的楊香武、夜貫輕行的「鼓上蚤」時遷之輩,也多活躍於前代的文學作品之中。

這等職業對社會騷擾極大。《東華瑣尋》書中稱:「京城歲時廟會,以遊人填塞。故多草竊剪綹之事。蓋乘人不覺,以剪竊物,其術百端,其徒極眾。且出沒不時。雖有巡緝,街市兵卒,每難以弋獲」。

賊行也是要拜師學徒的。引薦人將想入行的孩子帶到師傅家中。師傅先要看清了這孩子的手腳長短、脾氣秉性、待人接物、聰明與否,才決定收與不收這個徒弟。不是這個材料,向中人說明原委,將人領走。決不誤人子弟。

一旦收了,師傅則先講明業中大義和「三不偷」的規定。「一,饑人購米之錢,不偷;二,急人買藥之錢,不偷;三,就木置材之錢,不偷」,叫徒弟牢記。三年中,徒弟在家修練,並不出門作業。學成後,師傅方請來門中的諸師叔、師舅、二大爺,認真關照。並講明上道後的要領,門坎地界,方由大師哥護持實習。一節(即三個月)後,獨立放飛。是謂「盜亦有道」。

303. 勒脖兒

「空手套白狼」，是一句俗語。說的是那種不用本錢的生計，全憑空著的雙手生財的伎倆。幹這一行的往往稱自己是英雄落難，身無錙銖，迫不得已，暫行苟且之事。目的，只為「借錢」（其實所借之錢是償還無期的），絕不傷人性命。這一行的作業手段是單人行動，隻身躲在偏僻的路徑。待有過路的單身行人，他會冷不防地躍身而出，雙手拿著一條棉布腰帶，從路人身後套著他的脖頸。轉身背起，調頭便跑，任憑被套之人掙扎。不及十步之遙，被套之人便已氣閉。這就叫做「勒脖兒」。勒脖的見背上的人已不能反抗，就把他撂在地上，將其身上所帶錢物一併搜出，裝到自己的搭袋裏。而把書信、證件和一些零碎錢，重新放入被套之人的懷中。收拾完畢，蹲於被套人的身後，將昏迷者上身扶起，左手招住人中，右手狠狠拍打其背。「啪、啪、啪」三下，氣閉之人登時復蘇，轉瞬緩過氣來。不待其還神，勒脖兒的便收起腰帶，背上搭褳快步回歸大道了。

路上如遇到新的過客，還要很客氣地告知，前邊有人生病昏倒，現已復蘇，尚在路邊休息。我因有事難以滯留，故先走一步。您若是遇上，可代為關照關照等語，情詞懇切。然後告別，真像個大大的好人。

304. 小押

　　小押是典當業中的一種。所謂典當，是指以物品為抵押的限期有息借貸銀錢的社會經濟行為，作為一種商業行為形態，通稱為典當業。中國的典當業源自南北朝的佛寺質貸。而小押則出於近代。

　　據曲彥斌的《典當史》考證，小押源自清代獄囚。他說：「相傳罪犯王某，被刑部判定終生監禁，竟熬成小頭目。於是，他借機勒索眾囚犯銀錢，鼓勵犯人賭博，輸即以物折錢，從中漁利，積資漸多。後王某遇赦出獄，遂以開小押為業。」掛出的招牌寫道：「指物借錢，無論何物均可抵押，物值十而押五，坐扣利息，幾月為期，限期不贖，變賣折本。」這幾條，一直是小押的經營宗旨。

　　《大清會典事例》中記有：「現街市有零星小押鋪，不過希圖謀利，而鼠竊匪徒，藉以銷贓。」此語寫於嘉慶八年，足見小押一出現，即非正途，個中藏污納垢，穢行無端，因此，此業一直沒得到政府的認可，是一門「地下的生意」！在大城市中的毒窟、賭穴、娼僚近側小押極多。他們在黑勢力的保護下，橫行不法，滋事不息。清葉調元《漢口竹枝詞》中寫道：

　　　　押頭鋪子住胡同，錢貨都憑一穴通。九扣三分期百日，許多太
　　上作財翁。

305. 銷賊髒的

　　舊日，專有銷賊贓的這麼一行人外號叫「遛子」。這行與「小押」不同，小押是坐地經營，帶有質當的性質。凡小綹、小毛賊偷盜之物，如首飾、鐘錶、字畫、文玩、雜物，均可以拿來質押。押錢少的，三日之內可以高息贖取。三日之外，化為死當了。押錢多的，則為死押。當時一手錢一手貨，也就算是買斷了。這類小押，實質上就是個賊窩。凡是偷來的、搶來的、莫不歸宿於此。幹這一行的都有著不同背景的後臺。不是幫會，就是警局。所以政府一時也難以徹底清除他們。

　　小押有一個不成文的規定，他們不收舊衣服，當然，更不收偷來的衣服。原因何在？誰也說不清。那麼，小綹們偷來的衣物送到何處呢？就逕直送到「遛子」那兒。「遛子」沒有準地兒，更無攤檔。他們行無影，立無蹤，要找他們還得由小押中介推薦。不過這種中介只是幫忙，不收中介費。據說，這也是行裏的規矩。小押與「遛子」中間，一直保持一種相互關照的聯繫。介紹過來的貨，多是皮袍、皮襖、皮坎子、西服、革履，大斗篷，說好交貨地點後，雙方互不搭話，給錢轉身再見。隨後，「遛子」把收來的贓貨打在一個大包袱皮兒裏，隻身在離鬧市不遠的僻靜處蹲坑兒。遇到行人或貪便宜的買主，引到一邊，大多將貨物來源實說明侃，然後打開包袱看貨給錢，就地買斷。這一行人的行動很是機敏，無論多遠，只要見到巡警的身影兒，撒腿就跑。行內管此舉叫「遮羞」。

黃毒

306. 妓女

　　春秋時期，齊桓公稱霸。為了繁榮本國的經濟，接待四方行商，宰相管仲便在都市之中設立女閭。女閭，就是官辦的妓院。《戰國策・東周策》記載：「齊桓公宮中七市，女閭七百，國人非之。」鮑彪注釋：「閭，里中門也。此門為市於宮中，與女子居之。」這是我國公開妓女制度的開始。迄今，已有二千五百年的歷史。

　　古代凡有錢有勢的男人們，皆將妓女當成玩物，多數文人如蘇東坡，秦少游，杜牧、白居易等都逛妓院，或將妓女娶歸，納為小妾，不以為忤，反皆堂而皇之地炫耀風流。事實上，做了官吏的人侍妓宥酒已形成無虛乎誹謗恥辱的現實。自明至清，金陵夫子廟前的秦淮河，即為風流豔史的產生地。這個地點的鄰近科考場地，學子雲集，及第的彈冠相慶，落選的互相慰藉，都假妓院以張筵席，寄意溫柔。「秦淮繁華，十里胭脂」也就這樣形成了。

　　而上不了檔次的妓女也就成了浪蝶流鶯了。為了生計便直接上街拉客。清末詩人陳蝶仙著《瓜山新詠》曾以詩嘲諷野雞拉客的醜樣兒：

　　　　涎臉頑皮擠復推，但教平視莫頭回。防他苦苦牽衣說，阿到儂
　　家白相來。

307. 鴇母

　　現代文學家聶紺弩有一篇《論鴇母》的文章，他說：「鴇，淫鳥，借指妓女。」老鴇是妓院中負責聯結妓女與嫖客的重要人物，她的功能是：一為嫖客推薦妓女；二是管理、教化妓女；三是協調各方面關係，四是從中取利。

　　老鴇的目標很直接，用一個字表達就是「錢」，只要有利益，「千萬人中吾往矣」，什麼道義、道德、社會良知都不管不顧了。只要能讓嫖客拿出錢來，什麼方法也都可以使，什麼招數也都可以用。鴇母這一行的行徑，在舊日的戲劇，如《玉堂春》《繡襦紀》《秦淮河》中，都表現得淋漓盡至、維妙維肖，入木三分。

　　民初詩人陳蝶仙在《拱宸橋竹枝詞》中尖銳地批抨了這一行人。

　　　　賺金賣笑不為貪，多買嬌娃十二三。拜到張仙墳畔祝，只求生女莫生男。

308. 賣煙槍

　　鴉片一詞始見於明代的《醫學入門》一書，稱「鴉片一名阿芙蓉，波斯人變其音為片，故有阿芙蓉阿片之名。後又變阿音為鴉也」。鴉片在亞洲的印度、緬甸一帶多有種植。明代成化年間，中國人學會了從鴉片中提取汁液的方法。嘉靖初，其法益精。這種提煉品，食之令人多眠，漸久慣則成癮。既得癮，過時不食，全體廢弛，食而復初，而精神日耗，死則隨之。」

　　鴉片煙是毒品，國人早已知之。最初吸用的人並不多，問題尚不嚴重。到了清代道光年間，英商東印度公司開始大規模地向中國傾銷鴉片，給中國造成極大的危害。不僅傷害了無數生命，而且白銀外流，給國家經濟造成巨大漏厄。林則徐一怒之下，燒了洋人的鴉片，從而引起了第一次鴉片戰爭。我國疲弱不堪，經不住眾列強的船堅炮利，導致一次次地割地賠款，喪權辱國。第二次鴉片戰爭再起，我國再敗，更是顏面盡失。而百姓吸食鴉片之癮，越演越烈。以至朝野上下，莫不「煙燈明亮、煙榻橫陳」。專有一行人，滿大街地推銷煙槍，吸食鴉片煙已到了不可收拾的地步。清代詩人得碩亭在所作的《草珠一串》中，寫道：

　　　　做闊全憑鴉片煙，何妨作鬼且神仙。開談不說紅樓夢，讀盡詩書也枉然。

309. 收大煙灰

　　舊社會的鴉片煙館稱挑膏店，也叫熟膏店、零剪店。煙館的後店專門熬製煙膏，進行批發和零售。熬煙膏是一門技術手藝，手藝高，熬出來煙膏勁大味足，更受煙民歡迎。廣幫大煙有一大妙處，既吸剩下的煙灰猶有餘勁兒，可以回爐再煉，變廢為寶。所以，廣幫煙灰值錢，「每灰一兩可換煙膏四錢」。因此，收買煙灰的也成了一個行業，大行於市。

　　幹這一行的多是破落子弟，有的自身也是癮君子，身無長技，但與舊宅門多有關係，與煙館也素有往來。他就以這些關係營生，平時衣冠楚楚，手提考籃，籃上提梁兩側，均貼有「收買煙灰」的標牌。他們穿梭於家中「開燈」的煙戶和挑膏店之間，專以收購富家癮君子的廣膏餘燼為主。隨身帶著一柄小秤，依錢論兩地收購殘煙餘唾。集少成多，然後賣給挑膏店，重新制膏，從中獲取利潤，變成自己吸煙的本錢。圖中所繪，就是收煙灰的正在與一闊綽「老槍」交易時的情景。孫蘭蓀有《營業寫真竹枝詞》寫這一行人。

　　　　鴉片煙灰害人品，吃煙之人視如命。乾黃好灰有人收，收來仍

　　做煙靈性。明詔而今已禁煙，煙灰莫說值銅錢。將來此物須漸滅，

　　不信且看後十年。

310. 賣白粉的

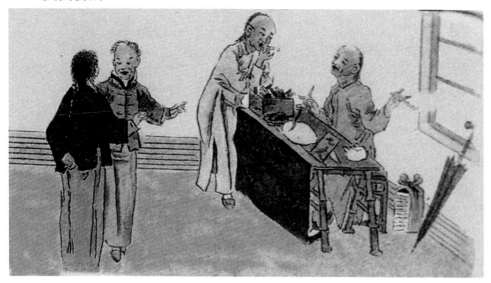

　　除了前文所說的鴉片危害之外，晚清又出現了一種新的毒品名叫「白粉」。這種東西比鴉片更加厲害。清人倦思齋主人在老《申報》副刊上撰《竹枝詞》，無情地揭露白粉的劇毒！

　　　　剜骨剃髓不用刀，請君夜吸相思膏。煙癮一來人似狼，賣兒賣
　　女不認娘。

　　白粉，又稱白麵兒，學名海洛因。是從鴉片中提煉出的一種粉劑。這種毒品是從 19 世紀末傳入中國，一自高麗，一自安南。最初，提煉技術不高，純度較低，為害有限。而且吸食方便，既不用上煙榻，也不用拿煙槍、點煙燈，用一點點放在紙煙頭上，點燃吸之，愜意非常。很多人受到引誘，上當受騙，一旦吸粉成癮，日不能離，最終妻離子散、家破人亡，流離失所，橫屍街頭。

　　賣白粉這一行的人身著長衫，坐攤兜售，向吸食者侃侃而談，介紹白粉的種種妙處，儼然如老師講學一般。不僅言教，而且身教，現場示範，教授吸食方法。加之一旁還有托兒，一起搧動，使初學者步入杏壇，屈身就教，並且徐徐試吸。在桌案上的大盤子裏放置白粉，明碼標價，九文一勺。不賤不貴，人人可以接受。豈不知，這白粉乃是「勾魂的小鬼，要命的無常」。

311. 賣假藥的

近人張笑天《都市奇聞錄》中，寫有一首「賣假藥」的《竹枝詞》，揭發這一行人的騙人的行徑。

偷偷摸摸賣假藥，專蒙鄉下胡塗佬。安宮牛黃避瘟散，人參鹿茸救命湯。

如圖中所繪的人物，是一夥賣假藥的騙子。他們都是市井無賴之徒，一個充當物主兒，一個作托兒。這夥人避開鬧市，在距診所、小醫院不遠閉僻靜之處放一條板凳，二人裝作閒聊。看到有看病走乏了的鄉下人經過，他們就熱情地迎上前去讓座搭訕。當托兒的在搭訕時，套出他本人或家人有病無有病？是何病症的時候，物主兒就倒出一些藥丸來，關切地說：「巧得很，這種藥正好能治療你或你家病人的病。今日是有緣份兒，我隨身帶著不多，可以勻給你一些，救人要緊嘛。」隨後指天劃地的賭誓，病人服過之後一準保好，言之鑿鑿，煞有介事，藉以坑騙錢財。鄉下人反映慢思想愚鈍，就花錢買了他的藥，一準上當受騙。

總之，在三百六十行中，幹這一行的最讓人看不起。用假藥騙人，就是圖財害命。《太上感應篇》中講，這一行人死後必下阿鼻大獄，永世不得翻身！

參考文獻

1. 金聞博、劉祥春編,《煙草工業史略》,中國輕工業出版社,1973 年版。
2. 〔美國〕Richard Kluger 著（ASHES TO ASHES A）,海南出版社,2000 年版。
3. CIGARETTE TRADE CARDS GORDON HOWSDEN CIGARETTE CARDS AND NOVEL TIES WHITE B0RDER,〔加〕列治文圖書館藏 1909-11T206。
4. 中國社會科學院編,《英美煙公司在華企業資料彙編》,中華書局,1963 年版。
5. 〔英〕大布列顛畫片協會編,CARTOPHILIC C NOTES&NEWS 雜誌。
6. 齊如山著,《老北京三百六十行》,遼寧教育出版社,2006 年版。
7. 李德生著,《煙畫三百六十行》,臺灣漢聲出版公司,2001 年版。
8. 李德生著,《老北京三百六十行》,山西古籍出版社,2006 年版。
9. 張次溪著,《天橋叢談》,中國人民大學出版社,2006 年版。
10. 李幼芝著,《雪泥鴻爪記竹枝》,1979 年手抄本。
11. 雷夢水等編,《中華竹枝詞》,北京古籍出版社 1997。
12. 枝巢子著,《清宮詞》,北京古籍出版社,1975。
13. 田光遠著,《舊京三百六十行》,北京旅遊出版社,1986-07。

後　記

　　上了年紀的老人們都見過煙畫，大多在孩提時代還玩過煙畫，「拍」過煙畫，攢過煙畫。文壇掌故史家鄭逸梅先生在《珍聞與雅玩》一書中寫道：「我不吸煙，但在早年間收集了不少香煙畫片。此物在目前恐已無人再集，因為近數十年來，香煙內再不存放畫片，隨煙贈送的了。在早年，此物甚為普遍，每盒煙內必附畫片一張，其中再分有獎、無獎兩類。畫片內容，無所不有……諺語、野史、民間傳說、歷史人物、筆記小說等等。」百十年前，這些小小的煙畫確曾熱鬧一時，作為民間俗文化的一種，它曾給從那個時代過來的人們留下過深刻的印象。在印刷品和照相術尚不發達的年代，這些內容豐富、印製精美的小畫片，不僅迷倒了無數的長幼婦孺、平民百姓，也引起了無數詩人、畫家、學者、學人的熱切關注。胡適、周湘、魯迅、梁實秋等文壇巨匠，對煙畫的收集也都有著濃厚的興趣。

　　近代詩人、美術教育家周湘（1871～1933）曾說過，他每當搜集到一枚自己渴求的煙畫時，「就像遇到了日思夜想的戀人或是得到了一個肥缺一樣」欣喜若狂。許廣平（1898～1968）曾《文萃》上著文說：魯迅先生也很喜歡煙畫。她說：「那時的生活真有趣，各大煙廠都爭著贈送煙畫。什麼《七十二行》《二十四孝》《封神榜》《西遊記》……無所不包、應有盡有。魯迅先生每每打開一包香煙，都把裏邊的畫片抽出來仔細地把玩一番。然後鄭重地收起來，留著贈送給那些喜歡收藏的朋友們。」

　　劇作家翁偶虹（1908～1994）先生，在回憶學生時代收集煙畫的熱情時也說：「每天下學以後，三四點鐘宣武門一帶就熱鬧起來，換煙畫的、賣煙畫的

都湊在了一起進行交換或交易。『太上老君』一枚可換『魔將』幾枚，或用多少錢可買到一枚；『觀音大士』一枚值多少錢？如此種種。無數『煙畫迷』各懷著不同的目的，在四下裏搜尋，或換或買，來滿足自己的追求。」他說早年間，北京的花市、隆福寺、護國寺都有專門售賣煙畫的固定商販，吸引和滿足著無數青年學生和煙畫收藏者們的需求。然而，隨著歲月的流逝和近半個世紀的社會變遷，這些煙畫早已退出了歷史舞臺，幾乎被人遺忘。尤其，經過「文化大革命」和「破四舊」運動的蕩滌，煙畫幾乎全部蕩然無存了。僥幸存至今日的煙畫已不多，實屬鳳毛麟角。

筆者有幸保存有清末民初中、外煙草公司出品的煙畫兩萬餘枚。旅居加拿大期間曾在 UBC 大學亞洲文化中心、溫哥華文化更新研究中心、列治文現代藝術中心舉辦過《煙畫》大展，一度引起轟動。加拿大《太陽報》《大華商報》《中華時報》均給予了大幅報導。此外，在國內外舉辦的國際學術研討會上，筆者就煙畫的研究心得做了多次演講。這一課題得到了國內外民俗學學者的廣汪重視。臺灣漢聲出版社黃永松先生、北京學研究基地首席專家張妙弟先生和中國華僑博物館對《煙畫》這一課題的研究，也給序了特別的支持和關注。

近年來，在與臺灣花木蘭文化事業有限公司的合作中，總編杜潔祥、副總編楊嘉樂及編輯部諸多老師對煙畫這一題材的挖掘也給予了極大的鼓勵。於是，筆者選擇了民俗內容最為豐富的《三百六十行》，對之進行了較為細緻的考證，希圖「以圖說史」「以圖鑒史」，圖文並茂地對 19 世紀末葉和 20 世紀初，中國的市廛民風進行一次較為系統的闡述，遂草成此書。當然，拙作達意與否，還請讀者不吝教正。

李德生、王琪於溫哥華列治文寓中
2022 年 9 月 9 日